Pia Gyger
Hört die Stimme
des Herzens

Pia Gyger

Hört die Stimme des Herzens

Werdet Priesterinnen und
Priester der kosmischen Wandlung

Mit einem Vorwort von Ervin Laszlo

Kösel

Verlagsgruppe Random House FSC-DEU-0100
Das für dieses Buch verwendete FSC-zertifizierte Papier EOS
liefert Salzer, St. Pölten

Copyright © 2006 Kösel-Verlag, München,
in der Verlagsgruppe Random House GmbH
Umschlag: 2005 Werbung, München
Umschlagmotiv: Ron Russell / Getty Images
Druck und Bindung: GGP Media GmbH, Pößneck
Printed in Germany
ISBN-10: 3-466-36726-3
ISBN-13: 978-3-466-36726-9

www.koesel.de

Inhalt

Vorwort von Ervin Laszlo 7

Einleitung 11

Ihr seid ein königliches Geschlecht 13
Der große Übergang 14
Die »integrierende Vereinigung« nach Teilhard
de Chardin 20
Der Mensch – das kosmische Kreuz 26
Seid Priesterinnen und Priester der
»kosmischen Wandlung« 29

Gottesgeburt und Heiligung des Alltags 37
Die drei Phasen der Gottesgeburt 38
Die Ausrichtung der Kräfte 52
Die Macht der Gedanken und des Wortes 55
Lebe aus dem Gemach der Fülle 62

Mein Leib – Tempel des Heiligen Geistes 69
Schöpferkraft Sexualität 70
Psychosexuelle Entwicklung und der Prozess der
Menschwerdung 73
Das Erwachen des Herzens 94
Mein Leib, das neue Jerusalem 100

Mitschöpferin und Mitschöpfer Gottes 111
Das Licht im Dunkel ansprechen 112
Meine Schwächen – Tore zu meiner Kraft 120
Von der Kernverletzung zur Kernkompetenz 126
Vom Kind Gottes zur Partnerin und zum Partner Gottes 128

Die Erde – Ein Planet des Lichts 135
Inspiriertes Wahrnehmen und Hören 137
Das große Mahl 143
Lebt als Kinder des Lichts 153

Anhang 165
Verzeichnis der verwendeten Literatur 165
Anmerkungen 170

Vorwort

von Ervin Laszlo

Hört die Stimme des Herzens

Es gibt Bücher, die Ausdruck zeitloser Weisheit sind und gerade damit zu hochaktuellem Handeln motivieren. Pia Gyger hat ein solches Buch geschrieben. Ihre Grundaussage ist einfach, tief und aktuell: Wir stehen vor einer kosmischen Wandlung und wir sind gefragt, unser Bestes zu geben, damit diese gelingt. Christen können auf ihr eigenes spirituelles Erbe zurückgreifen, um den Weg zu finden, der sie Teil der Lösung sein lässt statt Teil des Problems. Die Botschaft ist wahr und ihre Bedeutung für unser individuelles und kollektives Schicksal kaum zu überschätzen. Es ist meine Freude und mein Privileg, sie mit einigen Gedanken einzuleiten.

Von der Wort- zur Handlungsebene

Dass eine tief greifende Transformation nötig ist in der Weise, wie wir unsere Angelegenheiten auf diesem Planeten regeln, ist mir spätestens seit Beginn der siebziger Jahre klar, als ich anfing, mich im *Club of Rome* zu engagieren. Mehr von innen gedrängt als aus eigener Wahl habe ich in den letzten dreieinhalb Jahrzehnten versucht zu verstehen, welche Art von Transformation wir jetzt brauchen, und ich fragte mich: Wie können wir eine kritische Menge von denkenden, verantwortungsvollen Menschen auf diesem Planeten dazu motivieren, sich der notwendigen Transformation ihrer selbst bewusst zu werden, um so die Welt zu wandeln, in der sie leben?

Während ich dieser Mission zunächst im *Club of Rome*, später bei den *Vereinten Nationen* und schließlich durch den *Club of Budapest* nachging, kristallisierte sich die Einsicht heraus, dass der entscheidende und kritische Faktor, die jetzt anstehende Transformation zu einem guten Ende zu führen, in der Evolution unseres Bewusstseins liegt. Wir können alle denkbar ausgeklügelten Strategien vorantreiben; wir können alle edlen Werte und Ideen diskutieren, die je von großen Philosophen hervorgebracht wurden, und die Leute werden uns bestenfalls zustimmen, aber kaum etwas tun, um diese Werte und Ideen in die Praxis umzusetzen. Wie wir die Welt und uns selbst betrachten, was wir für real und wahr halten, muss in sich selbst eine Entwicklung durchmachen, ehe wir uns von der Wortebene auf die Handlungsebene bewegen.

Im Verlauf meiner Forschungen über die Implikationen der jüngsten Entdeckungen an der Schneide der Wissenschaften erkannte ich, dass das Menschen- und Weltbild, das wir jetzt dringend brauchen, um unser Denken und Handeln positiv zu entwickeln, nicht nur eine Abstraktion ist, eine Schöpfung unserer Einbildungskraft. Glücklicherweise und keineswegs zufällig deckt es sich mit den Konzepten und Theorien, die in den empirischen Wissenschaften ans Licht kommen. Die Herausforderung, diese Elemente zusammenzubringen – einerseits die notwendigen Ideen, andererseits die Garantie und Sicherheit, dass sie in einem genauen und verlässlichen Weltverständnis wurzeln –, hat die Richtung meiner Arbeit während der letzten Jahrzehnte definiert.

Ein Schlüssel zur Wandlung

Mit ihrem bemerkenswerten Buch hat Pia Gyger ein wichtiges Element beigetragen, das in meinem bisherigen Denken gefehlt hat und vielleicht auch im Denken vieler anderer. Mir war klar, dass wir ein Bewusstsein entfalten müssen, das zu besserem Denken, Leben und Handeln befähigt und motiviert; das uns unsere Kultur und Zivilisation so entwickeln lässt, dass wir jeden Menschen und, in der Tat, jede Form von Leben auf der Erde bewahren und achten. Ich hatte auch erkannt, dass jeder Mensch, der in der Lage ist, sich die Frage nach der Natur der Wirklichkeit und nach der eigenen Verantwortung darin zu stellen, dies auch tun muss – als bewusstes Wesen, das in dieser Realität lebt. Ich weiß, dass wir diese Fragen stellen und Antworten suchen müssen, ob wir nun religiös sind oder atheistisch, spirituell oder materialistisch. Aber ich hatte nur eine vage Vorstellung davon, wie insbesondere Angehörige der großen Weltreligionen, vor allem, wie gläubige Christen in dieser Aufgabe vorgehen können. In ihrem Buch zeigt Pia Gyger den Weg. Sie macht deutlich, dass Verleugnung des eigenen Glaubens oder der eigenen Tradition angesichts der Probleme, die vor uns liegen, nicht der Weg ist. Verleugnung ist weder notwendig noch wünschenswert. Wir können tief und unerschütterlich in unserem christlichen Glauben stehen und gleichzeitig verantwortungsvolle Bewohnerinnen und Bewohner der Welt von heute und morgen sein. Wir können essenzielle Nahrung aus dem fruchtbaren Boden der christlichen Mystik ziehen, um, in ihren Worten, Priesterinnen und Priester der kosmischen Wandlung zu werden.

In den vergangenen Wochen gerieten mehrfach Texte auf meinen Schreibtisch, die bezeugen, dass die mystischen Traditionen der großen Weltreligionen wichtige Wegweiser sind und grundlegende Einsichten vermitteln für alle, die Priesterinnen und Priester der kosmischen Wandlung werden möchten. Ich habe von Rav Dr. Michael Laitman aus Israel erfahren, dass die Kabbala solche Einsichten und Wegweiser enthält, und von Professor Tu Weiming, Harvard, dass dasselbe für die chinesische spirituelle Tradition (insbesondere die Kosmologie des Konfuzianismus) gilt. Die entsprechenden Elemente im Buddhismus und in den Traditionen der Eingeborenen sind breiter diskutiert worden und waren mir vertrauter, so wie wohl vielen Menschen. Jetzt ergänzt Pia Gyger mir dieses grundlegende Repertoire an Erkenntnissen. Sie zeigt, dass die christliche Mystik einen sinnvollen und wahrhaftigen Weg offenbart, zu jener Evolution des Bewusstseins zu gelangen, die es der Menschheit ermöglichen würde, zu einer friedlicheren, freudvolleren und nachhaltigeren Welt zu finden, jenseits vom heutigen Morast wachsender Probleme und sich vertiefender Konflikte. Die christliche Mystik enthält einen Schlüssel zur Wandlung.

Schließlich noch ein Wort über die Aktualität und Dringlichkeit, diesen Weg zu finden. Pia Gyger sagt uns, dass wir die Katalysatoren und Moderatoren der kosmischen Wandlung sein sollen, die vor uns liegt. Tatsächlich ist die Herausforderung, vor der wir stehen, weit drängender, als man dieser hoffnungsvollen Aussage entnehmen kann. Weil viele der Prozesse in der Biosphäre des Planeten und sogar in der globalen Soziosphäre irreversibel sind, besteht eindeutig die Möglichkeit, dass das, was vor uns liegt, nicht nur eine vorübergehende Störung im progressiven Lauf der menschlichen Zivilisation ist, sondern deren quasi-permanenter, vielleicht schicksalhafter Zusammenbruch. Wenn das wahr ist, dann ist die Herausforderung, vor der wir stehen, nicht nur, Katalysatoren und Moderatoren der kosmischen Wandlung zu sein, sondern deren Entscheidungsträger. Wenn die Art, mit der wir unsere Angelegenheiten auf diesem Planeten regeln, sich nicht ändert, könnte sich zeigen, dass sich die großen Prophezeiungen der Maya und verwandter spiritueller Richtungen hinsichtlich der kritischen Schwelle, an der wir am Ende des Jahres 2012 stehen werden, so verwirklichen, dass nicht nur eine Phase in der Evolution der menschlichen Zivilisation zu Ende geht, sondern dass die Menschheit selbst am Ende ist.

Diese Möglichkeit ist jedoch kein Grund zum Verzweifeln, sondern vielmehr ein Aufruf zum Handeln. Angenommen, es kommt noch rechtzeitig zu einem Wandel im menschlichen Bewusstsein, und damit in unseren Handlungsweisen, dann kann der bevorstehende Punkt der »Bifurkation« oder des Chaos der Übergang zu einer friedlichen und nachhaltigen Zivilisation sein statt zu einem kollektiven Tod. Wir haben allen Grund, das, was Pia Gyger geschrieben hat, zu lesen und uns zu Herzen zu nehmen. Wenn Hunderte Millionen verantwortungsvoller Christen durch die mystische Tradition ihres Glaubens den Weg zu einer friedlichen und nachhaltigen Zivilisation finden, dann könnte sich eine potenzielle Katastrophe in einen strahlenden Triumph verwandeln. Dazu leistet Pia Gyger mit diesem Buch einen wesentlichen Beitrag.

Ervin Laszlo, im Februar 2006

Einleitung

»Seht, ich mache alles neu.«[1]
»Der erste Himmel und die erste Erde sind vergangen.«[2]

In allen religiösen Traditionen gilt das Herz als Ort der Erkenntnis, als Ort, aus dem die Stimme des Gewissens zu uns spricht, als Ort der Inspiration, aus dem neue Visionen geboren werden.

Dieses Buch will Sie, liebe Leserinnen und Leser, ermutigen, die Stimme Ihres Herzens wahrzunehmen, auf sie zu hören, um sich im Alltag von ihr leiten zu lassen.

Darüber hinaus gibt Ihnen diese Schrift »Werkzeuge« in die Hand, den großen Übergang, in dem sich Erde und Menschheit befinden, aktiv mitzugestalten. Die Erde sehnt sich nach dem Menschen mit dem erwachten Herzen, der weiß, dass er das All in sich trägt.

Jedes Mal, wenn ich ein Buch schreibe, werde ich konfrontiert mit all den in mir gespeicherten Informationen von Autorinnen und Autoren, die vor mir geschrieben haben. Und ich werde konfrontiert mit meiner Lebensgeschichte und mit der Zeitsituation, in die ich hineingeboren wurde. Dies löst Dankbarkeit in mir aus und ein Gefühl der Verantwortung für all das, was mir geschenkt wurde. Während des Schreibens waren mir sowohl die lebenden Menschen nahe, die mich auf meinem Weg begleiten, wie auch jene, die mein Leben existenziell prägten und prägen, obwohl ich sie nie gesehen habe. So hat das Welt- und Menschenbild von Teilhard de Chardin jedes Kapitel dieses Buches inspiriert. Meine Dankbarkeit für sein Leben ist groß.

Beim Schreiben gerade dieses Buches spürte ich auch, wie viel ich meinen Eltern verdanke, die mir durch ihr Leben zeigten, dass Gott für sie lebendige Wirklichkeit war, und mich dadurch auf natürliche Weise für das göttliche Geheimnis öffneten.

Große Dankbarkeit spürte ich auch gegenüber meinen buddhistischen Meistern: Yamada Roshi, Aitken Roshi und Glassman Roshi, sowie Pater Hugo E. Lassalle, dem Brückenbauer zwischen Ost und West. Dass sie mich als Christin auf dem Weg des Zen führten und ermächtigten, ist ein Geschenk, das weit über mich hinaus Wirkung hat.

Niklaus Brantschen und Anna Gamma sind die Menschen, die mich am nächsten auf meinem Weg begleiten. Ihre Freundschaft ist das größte Geschenk meines Lebens. Niklaus war mir bei der Abfassung des vorliegenden Buches eine unschätzbare Hilfe. Mit ihm konnte ich den Inhalt besprechen und auf seine Stilsicherheit durfte ich mich einmal mehr verlassen. Dankbar bin ich auch allen anderen verbunden, welche die Entstehung dieses Buches mit wertvollen Fragen, kritischen Anmerkungen und begeisterter Zustimmung begleiteten: Hildegard Schmittfull, Karin Eckert, Barbara und Guido Kühne, Sibylle Ratsch, Stephan-Samuel Gyger. Ein spezieller Dank gehört Marianne Lembke, ohne deren wertvolle Hilfe im Sekretariat das Manuskript nicht termingerecht fertig geworden wäre.

Nicht zuletzt gilt mein Dank Winfried Nonhoff, dem Leiter des Kösel-Verlages. Seine Art und Weise, ein Buch von der ersten Planung bis zum Druck zu begleiten, war für mich einmal mehr ein kostbares Erlebnis. Möge dieses Buch das Herz all der vielen »Geburtshelfer« und auch Ihr Herz, liebe Leserinnen und Leser, erfreuen.

Pia Gyger, Luzern, im April 2006

Ihr seid ein königliches Geschlecht

Die Geschichte der Erde ist voll von Leiden und Opfern. Und das nicht erst seit dem Auftreten des Menschen auf diesem Planeten. Jede Stufe der Evolution hat ihre »Opfergeschichte«.
Von der *Kosmogenese* (Entstehung des Kosmos) über die *Biogenese* (Entstehung des Lebens) bis zur *Anthropogenese* (Entstehung des Menschen) baut jede Höherentwicklung auf der Stufe des Vorherigen auf.
Das Elementarteilchen opfert seine Individualität dem Atom in dem Moment, wo es Bindungen eingeht. Der Einzeller opfert seine Individualität dem Vielzeller durch integrierende Vereinigung. Die Tiere erhalten sich am Leben durch das Opfer der Pflanzen.
Der Kerze opfert ihre Gestalt dem Licht.
Dieses Muster innerhalb der Kette des Seins wirkte auch innerhalb der Menschheitsgeschichte. Der Urmensch opferte – auch sich und seinesgleichen – den Göttern, um mit Fruchtbarkeit gesegnet zu werden. Aber irgendwann in der Menschheitsgeschichte erklang eine Stimme. Sie sagte: »Barmherzigkeit will ich – nicht Opfer.«
Es sind erst 2000 Jahre vergangen, seit Jesus von Nazareth dieses Wort des Propheten Hosea aufnahm und vertiefte, als er sagte: »Lernt, was es heißt: Barmherzigkeit will ich, nicht Opfer. Denn ich bin gekommen, um die Sünder zu retten, nicht die Gerechten.«[3] Damit legte er den Samen für einen Musterwechsel, für einen evolutiven Wandel. Der Höhepunkt dieses Musterwechsels bildet die Predigt Jesu auf dem Berge: »Liebet eure Feinde und betet für die, die euch verfolgen.«[4]

Haben wir diesen Wertewandel schon zur Kenntnis genommen? Haben wir verstanden, welche Revolution in dem Wort, »Barmherzigkeit will ich – nicht Opfer«, verborgen liegt?

In diesem Wertewandel beginnt Jesus, uns das Bild des »Neuen Menschen« zu zeigen. Er befähigt uns zu einer neuen Selbstwahrnehmung und einem neuen Selbstverständnis.

Der Autor des ersten Petrusbriefes entwickelt das Bild des »Neuen Menschen« weiter, wenn er schreibt:

Lasst euch als lebendige Steine zu einem geistigen Haus aufbauen, zu einer heiligen Priesterschaft, um durch Jesus Christus geistige Opfer darzubringen, die Gott gefallen.
Denn ... Ihr seid ein auserwähltes Geschlecht, eine königliche Priesterschaft, ein heiliger Stamm, ein Volk, das sein besonderes Eigentum wurde, damit ihr die großen Taten dessen verkündet, der euch aus der Finsternis in sein wunderbares Licht gerufen hat.[5]

Wir sind Gerufene! Ins Licht Gerufene! Uns ist es aufgetragen, die Samen, die Jesus von Nazareth ins Herz der Erde pflanzte, zum Blühen zu bringen. »Barmherzigkeit will ich – nicht Opfer.« An uns ist es, eine Pädagogik der Bergpredigt zu entfalten, die der Kraft der Auferstehung zum Leben verhilft. Eine Pädagogik der Bejahung allen Lebens – eine Pädagogik der Anziehung, der Kreativität, der Leichtigkeit und Freude. Die Zeit der alten Opfer ist vorbei. Wir sind Berufene zu einer heiligen Priesterschaft mit dem Auftrag, Erde und Menschheit in ein »Geistiges Haus« aufzubauen. Mehr noch: Die Menschheit ist ein auserwähltes Geschlecht, berufen zu königlicher Priesterschaft, zu Priesterinnen und Priester der kosmischen Wandlung.

Der große Übergang

Zu Beginn der Achtzigerjahre kaufte ich ein *Lexikon der Gegenwart*. Es wurde angepriesen als erstes Nachschlagewerk zu den wichtigsten Fragen unserer Zeit. Themen wie Abrüstung – Friedensbewegung – Gentechnologie – Raumfahrt – Rüstungskontrolle – Umweltschutz – Reform der

UNO sind kompetent im Lexikon behandelt. Aber das Wort *Globalisierung* suchte ich vergeblich. Es sind kaum 20 Jahre her, seit *Globalisierung* zum allgemeinen Sprachgebrauch gehört.

Heute ist das Wort *Globalisierung* in aller Munde: Die Welt wird eins. Die Menschheit wächst zusammen. Niemals zuvor wussten so viele Menschen so vieles über den Rest der Welt wie heute. Und erstmals in der Geschichte eint die Menschheit eine gemeinsame Phantasie des Seins. Diese Phantasie ist geprägt von jenen Wunschbildern des Wohlstandes, wie sie von den westlichen Medien überall in der Welt verbreitet und zu Leitbildern erhoben werden.

Und genau da werden die großen, ungelösten Probleme sichtbar und man spricht von der »Globalisierungsfalle«. Die zusammenwachsende Menschheit, das globale Weltdorf braucht eine ganz neue Ordnung, um der Falle zu entgehen.

Wer sich mit den Folgen der Globalisierung auseinandersetzt, sieht: Wir befinden uns im größten und schnellsten Übergang der Menschheitsgeschichte. Eine zentrale Frage lautet daher: »Wie können wir mithelfen, dass sich der Übergang sanft vollzieht?« Die Tatsache, dass fast die Hälfte der Weltbevölkerung unter extremer Armut leidet, um nur ein Beispiel zu nennen, ist eine der größten Gefahren für Frieden und Stabilität im »Global Village«. Wie aber kommen wir zu einer weltweiten ökosozialen Marktwirtschaft? Wie kommen wir zu einer Weltordnung, die auf Partnerschaft und Kooperation basiert? Wie finden wir zu einer Weltfriedensordnung? Solche und ähnliche Fragen sind von größter Dringlichkeit. Unser aller Haus, die Erde, muss ganz neu gestaltet, die Räume müssen neu eingeteilt und bewohnt werden.

Diese neue Ordnung kann jedoch nur entstehen, wenn sich unser Bewusstsein ausweitet. Erst wenn wir uns als Weltbürger und Weltbürgerinnen erfahren, wenn wir einen Sinn für die Erde, einen Sinn für die Menschheit und einen Sinn für den Kosmos entfalten, sind wir fähig, das Haus Erde so zu bewohnen, dass alle darin lebenden Wesen zu ihrem Recht kommen.

Mehr noch: Erst wenn wir erfahren, dass jeder Mensch eine Entsprechung des Makrokosmos ist und die ganze Schöpfungsgeschichte in sich trägt, werden wir fähig, jene Fragen zu stellen, die dem großen Übergang, in dem wir uns befinden, dienen: Warum lebe ich gerade jetzt auf diesem

Planeten? Was ist meine besondere Aufgabe und Berufung in dieser Weltzeit? Bin ich bereit, den in mir angelegten »inneren Entwurf« zu entfalten und entsprechend zu leben?

Wie diene ich dem großen Übergang?

Wann haben Sie sich das letzte Mal Zeit genommen, einen Sonnenuntergang zu genießen? Und die fortschreitende Dämmerung bis zur Nacht? Und einige Stunden später, der Blick in den wolkenlosen Sternenhimmel? Schon oft habe ich unter freiem Himmel geschlafen, an verschiedensten Orten der Welt, und der wortlosen Botschaft der Sterne und den Stimmen der Nacht gelauscht. Die Nacht spricht anders zu mir als der Tag. Die Stimmen der Nacht öffnen mein Herz für das Geheimnis unserer Existenz.

Seit Jahrzehnten lese ich mit Leidenschaft Bücher über die Entstehung des Kosmos, das Leben der Sterne, die Geschichte der Erde, die Raumforschung und das Betreten des Weltalls durch den Menschen. Und über die Frage, ob es extraterrestrisches Leben gibt. Wenn ich die Nacht unter freiem Himmel verbringe, scheint der Ablauf meiner Erlebnisse einem »Muster« zu entsprechen. Während des Übergangs vom Tag zur Nacht steigen Fragen im Zusammenhang mit den Erkenntnissen der neuesten Forschungen des Kosmos in mir auf:

- Stimmt es wirklich, dass der ganze Kosmos mit den Milliarden von Galaxien ein lebendiger, sich selbst regulierender Organismus ist?
- Sind Planeten, Sonnen, Kometen oder Molekülwolken Mitglieder kosmischer Kommunikationsgesellschaften, die miteinander Informationen austauschen? Bedienen sie sich dabei eines universalen Codes?
- Hat es eine tiefere Bedeutung, dass Astrophysiker Sternenanhäufungen *Populationen* nennen?
- Ist unsere Erde, unsere Galaxie, der ganze Kosmos ein sich in Entwicklung befindliches »Lebewesen«?
- Gibt es in dieser Entwicklung eine Richtung oder ist alles ein Produkt des Zufalls?
- Wie verhalten sich Zufall und Zielrichtung zueinander?

Jedes Mal, wenn ich mich von den Armen der Nacht umfangen lasse, steigen spontan solche Fragen in mir auf. Ich lasse sie zu, bewege sie in mir, ohne nach Antworten zu suchen. Und dann gebe ich meine Fragen an den Kosmos weiter. Manchmal mit wortlosen Worten, manchmal mit lauter Stimme. Und immer an diesem Punkt des Prozesses strömt mein innerer Fluss an Gedanken und Fragen ruhiger. Je lauter die Stimmen der Nacht, je stärker das Licht der Sterne die Erde einhüllt und vom Geheimnis des Kosmos erzählt, umso ruhiger wird es in mir. Und irgendwann ist es still. In dieser Stille geschieht Er-Innerung.

Manchmal ist es so, wie wenn nicht nur das Bewusstsein, sondern für Augenblicke auch der Körper erwachen würde. Erwachen, aus der Illusion der Getrenntheit. Erwachen zum Urwissen, das da ist: All-Bewusstsein, All-Gegenwart, All-Liebe! Und es ist, als würde der Weg des Urlichtes seit Beginn der Schöpfung bis in diese Zeit in meinem Herzen aktiviert: Vergangenheit, Gegenwart und Zukunft fallen in einem Punkt zusammen. Gegenwärtigung!

Wenn die üblichen Gedanken dann wiederkommen, ist es oft so, dass sich mein Erleben spontan verbindet mit den in mir gespeicherten Einsichten aus gelesenen Büchern. Ich suche nichts, die Assoziationen verknüpfen sich von selbst.

Durch die Ausdehnung umgreift mich das Weltall
und verschlingt mich wie einen Punkt;
durch die Gedanken umgreife ich es.
                        BLAISE PASCAL

Das ist die Kunst apokalyptischer Zeiten:
Man erinnert sich der kommenden Dinge.
                        PAUL EVDOKIMOV

Ich werde nie glauben, dass Gott
mit der Welt Würfel spielt.
                        ALBERT EINSTEIN

Der Tag spricht anders zu mir als die Nacht. Öffnet die Nacht mein Herz fast immer für das Geheimnis der Entsprechung von Mikro- und Makrokosmos, so kreisen die Gedanken des Tages oft um unseren blauen Plane-

ten und die sich planetisierende Menschheit. Die Erde scheint sich nach dem Gesetz der »integrierenden Vereinigung« entwickelt zu haben. Durch alle Phasen der Evolution, von der Entstehung der Erde, über die Entstehung des Lebens bis zur Entstehung des Menschen wurde jede neue Stufe der Entwicklung über Anziehung und integrierende Vereinigung eingeleitet: Elementarteilchen ziehen sich an, Atome verbinden sich, Zellen werden zum Zellverband. Und die Vereinigung, die heute ansteht: Menschen werden zur Menschheit.
Die Wirklichkeit erschließt sich uns als relational! Das heißt: Wirklichkeit ist immer Beziehung!

- Warum war ich so aufgeregt, als ich dies das erste Mal hörte?
- Warum dieses *große Ja* in mir?
- Warum dieses *große Ja*, als ich zum ersten Mal von der Gaia-Hypothese hörte?
- Die Gaia-Hypothese besagt, dass die Erde sich verhält wie ein lebendiger Organismus, der dabei ist, in eine neue Phase der Entwicklung einzutreten.

In einem wunderbaren Buch über *Die erwachende Erde* zeigt der amerikanische Physiker Peter Russell auf, dass die gesamte lebende Materie der Erde, von den Viren bis zu den Walen, von Algen bis zur Eiche, zusammen mit der Luft der Landoberfläche und den Meeren, dass sie alle ein gigantisches System bilden, das die Temperatur, die Zusammensetzung von Meer und Boden so zu regulieren vermag, dass optimale Bedingungen für das Gleichgewicht, die Erhaltung und Entwicklung des Lebens gewährleistet sind.
Jedes Mal, wenn ich Bücher wie *Die erwachende Erde* lese, scheint ein Ur-Wissen aktiviert zu werden. Ein Ur-Wissen, das eine Ur-Sehnsucht auslöst. Die Sehnsucht, ein erwachtes kosmisches Wesen zu sein, das Zugang hat zu all den Informationen, die in unserem Körper gespeichert sind, seit Beginn der Schöpfung, wie es uns die Astrophysiker zeigen:

Unsere Erde mit allen Atomen, die schwerer als Lithium sind, zeugen von der Geschichte der Milchstraße. Der Kohlenstoff und der Sauerstoff in unseren Körpern stammen aus der Heliumbrennzone eines alten Sterns. Zwei Siliziumkerne verschmolzen kurz vor oder während einer Supernova zum Eisen im Hämoglobin unseres Blutes. Das Kalzium unserer Zähne bildete sich während einer Supernova aus Sauerstoff und Silizium. Fluor, mit dem wir die Zähne putzen, wurde in einer seltenen Neutrino-Wechselwirkung mit Neon produziert, und das Jod in unseren Schilddrüsen entstand durch Neutroneneinfang im Kollaps vor einer Supernova. Wir sind direkt mit der Sternenentwicklung verbunden und selbst ein Teil der kosmischen Geschichte.[6]

Solche Texte lösen die Sehnsucht aus, ein erwachter Mensch zu sein und mitzuhelfen, unseren blauen Planeten zu einem Ort der Liebe, des Friedens und der Co-Creation zu gestalten. Wir sind selbst Teil der kosmischen Geschichte. In einer meiner schlaflosen Nächte tauchte der Satz in mir auf: »Die Erde trägt in sich die Sehnsucht nach dem erwachten menschlichen Herzen, seit Beginn der Schöpfung.« Wie schaffen wir den Schritt vom »Missing Link« (Konrad Lorenz), dem Zwischenglied zwischen Tier und Mensch, das wir heute sind, zum Menschen mit dem erwachten Herzen? Wie schaffen wir den großen Übergang, das ist die zentrale Frage dieses Buches.

Miteinander öffnen wir uns der Verheißung des Hebräerbriefes: »Ihr seid ein königliches Geschlecht«, und spüren der Frage nach: »Bin ich bereit, dem großen Übergang, in dem sich Erde und Menschheit befinden, zu dienen?« Die Klarheit der Absicht, die Bezeugung: »Ja, ich bin bereit«, ist ein Signal nach innen und nach außen, das den Boden bereitet, die ganz persönliche Berufung in diesem großen Übergang zu spüren.

Der Text auf der nächsten Seite »Höre, Tochter der Erde, höre, Sohn der Erde«, der mir beim inspirierten Schreiben geschenkt wurde, kann helfen, die Verbundenheit mit Erde und Kosmos immer tiefer zu spüren.

Die »integrierende Vereinigung« nach Teilhard de Chardin

Wir haben begonnen, uns mit dem großen Übergang, in dem wir uns befinden, vertraut zu machen. Wir haben begonnen, in einer ersten Besinnung unsere eigenen Reaktionen auf diesen Übergang zu spüren und uns die Frage zu stellen: »Wie kann ich dem großen Übergang dienen?«

Text zur Besinnung

Höre, Tochter der Erde, höre, Sohn der Erde

Höre meine Stimme, Sohn der Erde.
Höre mein Rufen, Tochter der Erde.
Aus meinem Leib bist du geboren.

Höre meine Stimme im Rauschen der Winde,
im Summen der Insekten,
im Gesang der Vögel,
im säuselnden Geflüster der Bäume.

Höre meine Stimme im Tosen der Gewässer,
im Plätschern der Quellen,
in der Melodie der Wale, Delphine und Schwertfische.

Lauscht auf meine schweigende Stimme,
Söhne und Töchter der Erde.
Ich spreche zu euch durch die Majestät der Berge.
Ich spreche zu euch in der Lieblichkeit des Veilchens
und in der Schönheit der Rose.

Höre, Mensch,
aus mir bist du hervorgegangen
in der schöpferischen Kraft des Logos.
Ich, ERDE, gebar dich, um durch dich erkannt zu werden.
Du bist mein Ohr, mein Auge, meine Hand, mein Herz.

Ich bin der Ort im Universum,
wo Himmel und Erde sich verbinden.
Ich, Erde, bin auserwählt, die Lichtmaterie hervorzubringen.

Übergänge bedeuten immer Verunsicherung und Chaos. Die alten Ordnungen und Strukturen, die ein gewisses Gleichgewicht garantierten, brechen zusammen. Das Studium der Evolution zeigt uns aber, dass im Chaos, das nach dem Zusammenbruch der alten Ordnung entsteht, ein schöpferisches Potenzial verborgen liegt, wie ein Schatz im Acker. Bis zum Auftreten des Menschen fand das Leben immer wieder einen Ausweg aus dem Chaos. Etwas Neues entstand. Etwas nicht Voraussehbares emergierte. Mit Emergenz bezeichnet man jenes schöpferische Geschehen in der Geschichte des Lebens, das bewirkt, dass sich nach jedem Zusammenbruch der alten Ordnung eine neue Gestalt und eine neue Ordnung entwickelt.

Ein Markenzeichen der Emergenz ist, dass das Neue, das geboren wird, aus den früheren Gegebenheiten nicht einfach ableitbar ist. Das Ursache-Wirkung-Prinzip allein genügt nicht, um das Neue zu erklären.

Jene Tendenz in der Materie, die bewirkte, dass das Leben je neu einen Ausweg aus den Krisen fand, war für den begnadeten Naturwissenschaftler und Mystiker Teilhard de Chardin ein zentrales Thema der Forschung. Er entdeckte in der Evolution eine der Materie inhärente Drift der Komplexifizierung und Höherentwicklung. Eine Neigung nach immer organisierteren und zielgerichteteren Gestalten. Und jede neue, komplexere Gestalt, die emergiert, ist gekennzeichnet durch ein Mehr an Bewusstsein.

Er sah, das Leben neigt nicht nur dazu, den momentanen Status Quo zu erhalten – das Leben hat eine Tendenz, diesen zu überschreiten. Die Materie trägt in sich einen Drang nach Höherentwicklung und Mehr-Sein. Und im Laufe seiner Forschungen über das jeder Höherentwicklung zugrunde liegende Prinzip der »Integrierenden Vereinigung« entdeckte Teilhard de Chardin, dass der Drang nach Mehr-Sein in besonders ausgeprägtem Maße beim Menschen vorhanden ist.

Liest man seine Texte, so spürt man seine Erschütterung über die Bedeutung der Rolle des Menschen im Kosmos. Im Menschen erwacht das Universum zu sich selbst. Durch das Auftauchen des selbstreflektierenden Bewusstseins schaut der Kosmos im Menschen sich selbst an. Und der Mensch ist erst am Anfang seiner Entwicklung.

Der Schritt von der Entstehung des Menschen (Hominisation) zur Menschwerdung (Humanisation) ist nach Teilhard de Chardin bedeutend für das ganze Universum.

Der Mensch hat nun den Faden der Evolution in die Hand bekommen. Das bis zum Menschen hin sozusagen automatisch wirkende Prinzip der »integrierenden Vereinigung« wirkt mit dem Auftreten des selbstreflektierenden Bewusstseins nicht mehr von selbst.

Was hilft nun dem Menschen, an seiner Mensch-Werdung zu arbeiten? Der Kosmos hat auf dem Planeten Erde einen Raum der Freiheit und Verantwortung geschaffen. Mit großer Eindringlichkeit weist Teilhard de Chardin vor allem gegen Ende seines Lebens darauf hin, dass die Evolution der Erde in und durch den Menschen weitergehen will. Und dass sie nur dann weitergeht, wenn der Mensch das Prinzip der »integrierenden Vereinigung« als Matrix jeder Höherentwicklung erkennt, bewusst bejaht und entsprechend handelt.

Mit anderen Worten: Nur wenn der Mensch beziehungs- und liebesfähig wird, geht die Evolution der Erde im und durch den Menschen weiter. Der Schritt vom Einzelmenschen, von Völkergruppen und Nationen hin zum »Organismus Menschheit« kann nicht geschehen ohne das bewusste Ja und den freien Willen des Menschen. Der Schritt zur friedlichen Menschheit kann nicht geschehen ohne die deklarierte Absicht, die unaufhaltsame informationstechnische Globalisierung als Chance für eine friedlichere Menschheit zu nutzen. Der Mensch ist Sohn und Tochter der Erde. Sie kann sich nur weiterentfalten, wenn er die im Herzen der Erde wirkende Kraft nach Höherentwicklung nun in seinem eigenen Herzen aktiviert. Wenn er dem Prinzip der »integrierenden Vereinigung« freiwillig dient.

Übertragen in unsere Zeit heißt das: Die Evolution geht im Menschen weiter in dem Maße, wie wir unsere Angst vor den Mitmenschen, vor dem Anderen und Fremden verlieren, in dem Maße, wie wir unsere Verschmelzungsängste überwinden und erkennen, dass jede echte Vereinigung nicht zur Auflösung unserer Identität, sondern zu größerem »Bei-sich-Sein« führt. In dem Maße also, wie wir beziehungsfähiger werden, bewegt sich die Evolution der Erde durch uns in eine neue Stufe hinein.

Schon in meinen ersten Studienjahren hatte ich das Glück, Teilhards Weltsicht kennen zu lernen. Und seit damals beschäftigt mich die Frage: »Wie werden wir beziehungsfähiger? Wie werden wir zu liebesfähigeren Menschen?« Ich war bewegt, als ich, mitten in diesem psychischen Umfeld, zu Beginn der Siebzigerjahre das Wirken der »Drift« der Erde nach Höherentwicklung im *Human Potential Mouvement* wahrnahm.

Die Hauptaxiome dieser damals revolutionären neuen Richtung in der Psychotherapie beruhten auf der Einsicht, dass im Menschen, wird er nicht von außen eingeschränkt, eine Bewegung in Richtung immer größerer Autonomie, Selbstregulierung und Selbstverwirklichung vorhanden ist. Der Mensch trägt in sich eine Sehnsucht, die nach innerem Wachstum und sozialer Reife drängt. Ziel des *Human Potential Movements* war es, alles zu ermöglichen, um diesen Drang nach Selbstregulierung und Selbstverwirklichung freizulegen und diese nach vorne gerichtete Kraft des Menschen im therapeutischen Prozess zu aktivieren.

Als Psychologiestudentin war ich dankbar für den neuen therapeutischen Ansatz. Gleichzeitig sehnte ich mich nach Möglichkeiten, der evolutiven Drift nach »integrierender Vereinigung« nicht nur im therapeutischen Rahmen, sondern im konkreten Alltag und in der Gestaltung des sozialpolitischen Lebens zu dienen. Die Frage, wie dies möglich ist, wurde im Laufe meines Lebens nicht kleiner, sondern größer und drängender. Und ich erkannte: Die Frage lässt sich auf der Verstandesebene allein nicht beantworten. Wir finden die Antworten nur in der Tiefe unseres Seins. Nur aus einer gelebten Spiritualität emergiert das jetzt notwendige Neue.

Täglich erfahren wir vom Zusammenbruch alter Ordnungen. Wir spüren: Das Überleben der Menschheit ist bedroht, wenn es uns nicht gelingt, mehr Gerechtigkeit, eine andere Verteilung der Güter und eine Selbstorganisation der Menschheit mit entsprechenden globalen Strukturen zu schaffen. So genügt es beispielsweise nicht, je neue Sicherheitskonzepte gegen den Terrorismus zu entwickeln. Wir brauchen eine Erziehung zum globalen Bewusstsein, eine Erziehung zum Weltbürgertum, eine Pädagogik, die uns schon im Kleinkindalter vermittelt, dass wir kosmische Wesen sind. In der Zeit der internationalen Raumfahrt sind wir ohne erwachten kosmischen Sinn radikal überfordert, die neuen Möglichkeiten im Dienste des Lebens zu gebrauchen. Im jetzigen Zustand unserer Entwicklung werden wir unsere nationalen Fahnen auf anderen Planeten hissen und ein Grundmuster des dreidimensionalen Bewusstseins, nämlich Egozentrik und Rivalität, in den sich neu eröffnenden Lebensraum hineintragen.

Die Frage, was ist die Rolle des Menschen im Kosmos, verliert in unserer Zeit das Fremde, Überdimensionale. Sie muss zur Selbstverständlichkeit werden. Evolutionstheoretiker entdecken, dass der Mensch jene Spezies im Kosmos ist, in welcher der Kosmos sich personalisiert, das heißt über sich selbst nachzudenken beginnt und sich in einem zunehmenden Prozess der Selbsterkenntnis befindet. Mystiker und Mystikerinnen aller Traditionen haben in der Tiefe ihres Wesens schon sehr früh Antworten auf die Frage nach der Bestimmung des Menschen erhalten.

Es lohnt sich, die beiden Zugänge zur Wirklichkeit, Mystik und Naturwissenschaft, immer wieder in uns wirken zu lassen. »Wirken lassen« ist

---

Texte zur Besinnung

Zum christlichen Verständnis der Rolle des Menschen im Kosmos

Ihr seid auf das Fundament der Apostel und Propheten gebaut: Der Schlussstein ist Jesus Christus selbst. Durch Ihn wird der ganze Bau zusammengehalten und wächst zu einem heiligen Tempel. Durch Ihn werdet auch ihr im Geist zu einer Wohnung Gottes erbaut. (Paulus)[7]

Ihr aber seid der Leib Christi und jeder Einzelne ist ein Glied an ihm. (Paulus)[8]

Wir alle spiegeln mit enthülltem Angesicht die Herrlichkeit des Herrn wider und werden so in sein eigenes Bild verwandelt. (Paulus)[9]

Zieht an den neuen Menschen, der nach dem Bilde Gottes geschaffen ist. (Paulus)[10]

Im Anfang war das Wort. Dieser Satz ist so zu verstehen: Ich, der ich ohne Ursprung bin und von dem jedes Beginnen ausgeht. Ich sage: Ich bin Tag aus mir selbst, ein Tag, der nicht aus der Sonne erstrahlt, durch den vielmehr die Sonne entflammt ward. Ich habe zur Anschauung meines Antlitzes Spiegel geschaffen, in denen ich alle Wunder meiner Ursprünglichkeit, die nimmermehr aufhören, betrachte. Ich habe mir diese Spiegelwesen bereitet, mehr als analysieren. »Wirken lassen« ermöglicht, dass das Wissen um unsere Bestimmung im Kosmos in uns zu erwachen beginnt: Unsere Bestimmung, die Verbindung von Himmel und Erde zu sein! Einige Stimmen aus der Bibel und der christlich-mystischen Theologie (s. u.) können uns anregen, die Stimme des Lebens in uns selbst wahrzunehmen.

---

auf dass sie im Lobgesang mitklingen, denn ich habe eine Stimme wie Donnerklang, mit der Ich das gesamte Weltall in lebendigen Tönen aller Kreatur in Bewegung halte. Durch mein Wort, das ohne Anfang in mir war und ist, ließ ich ein gewaltiges Leuchten, die Engel, hervorgehen.
Danach sprach ich mein kleines Werk, das der Mensch ist, in mich hinein. Dieses formte ich nach meinem Bilde und Gleichnis, damit es sich darin auf mich zu verwirkliche …! Der Mensch ist jene Gewandung, in der mein Sohn, bekleidet mit königlicher Macht, sich als Gott aller Schöpfung – und als das Leben des Lebens zeigt.
Und Gott bildete die Gestalt des Menschen nach seinem Bilde und seiner Ähnlichkeit. Er hatte im Sinne, dass eben diese Gestalt einmal die heilige Gottheit einhüllen sollte. Aus dem gleichen Grund zeichnete er die ganze Schöpfung ein in den Menschen, so, wie ja auch alle Welt aus seinem Wort hervorging. (Hildegard von Bingen)[11]

Der Kosmos ist Gottes geheimnisvoller, mystischer, noch im Werden begriffener Leib. (Teilhard de Chardin)[12]

So wahr es ist, dass Gott der Ewige und der Unveränderliche ist, ebenso wahr ist – und die Menschwerdung des Sohnes Gottes in Jesus Christus ist das Erkennungszeichen dafür –, dass die Unveränderlichkeit Gottes – ohne dadurch aufgehoben zu sein – gar nicht einfach das allein Gott Auszeichnende ist, sondern dass er in und trotz seiner Unveränderlichkeit wahrhaft etwas werden kann: er selbst, er in der Zeit. Und diese Möglichkeit ist nicht als Zeichen seiner Bedürftigkeit zu denken, sondern als Höhe seiner Vollkommenheit, die geringer wäre, wenn er nicht weniger werden könnte, als er bleibend ist. (Karl Rahner)[13]

Der Mensch – das kosmische Kreuz

Im Menschen eingezeichnet ist die ganze Schöpfung, sagt Hildegard von Bingen. Für unseren weiteren Weg im Thema »Seid Priesterinnen und Priester der kosmischen Wandlung« drängt sich nun ein Begriff auf, der in früheren Zeiten der Menschheitsentwicklung half, die Rolle des Menschen im Kosmos zu deuten: das *Kosmische Kreuz*. Alfons Rosenberg, der Meister der Symbolforschung, nannte die Entdeckung des *Kosmischen Kreuzes* in der frühen Menschheit einen Meilenstein auf dem Weg der Bewusstseinsentwicklung:

Es muss eine Sternstunde für die frühe Menschheit gewesen sein, als ihr die Einsicht aufging, dass die Vereinzelung aller Erscheinungen und Gestalten dadurch überwunden wird, dass es gelingt, aus der Zweiheit Einheit zu fügen. Diese Erleuchtung hat zweifellos das Welt- und Gottesbild der Menschen der Frühzeit erweitert und gewandelt. Das vierteilige Kreuz ist das älteste Heilszeichen, das der frühe Mensch in den Naturgestalten wahrnahm und aufzeichnete.[14]

Nach Rosenberg leitete die Entdeckung der Gestalt des Kreuzes im Kosmos einen Schub in der Bewusstseinsentwicklung der Menschheit ein. Eine Entwicklung, die nicht abgeschlossen ist. Im Gegenteil! In jedem Übergang stimuliert das *Kosmische Kreuz* die Weiterentwicklung des Menschen wie ein wegweisender Stern.

Das Kreuz ist das Zeichen, das in die ganze Schöpfung und, wie Hildegard von Bingen so treffend sagte, deshalb auch in den Menschen eingraviert ist.

Was passierte nun im Urmenschen, der in den nächtlichen Sternenhimmel schaute und zum ersten Mal erkannte, dass ihm vom Himmel her ein Kreuz entgegenleuchtete?

Als er in den vier besonders prägnanten Sternbildern, im Frühlingszeichen Stier, im Sonnezeichen Löwe, im Herbstzeichen Skorpion und im Winterzeichen Wassermann ein Kreuz entdeckte? Was passierte im Frühmenschen, als er entdeckte, dass unter allen Geschöpfen der Erde nur er die Kreuzgestalt in seinem Körper darstellt? Von den Höhlenzeichnungen des frühen Menschen bis zur Kreuzestheologie des Christentums wird deutlich, dass das Kreuz eine archetypische Struktur von Mensch

und Kosmos ist. Und Rosenberg vertritt die Ansicht, dass der Mensch seit jeher ein Wissen in sich trägt, dass das Kreuz ein Heilszeichen ist.
Archetypen sind Urbilder der Seele. Sie sind wie Flussbetten, die das Wasser verlassen hat, die es aber nach unbestimmt langer Zeit wieder auffinden kann. Archetypen werden vor allem in Übergängen neu aktiviert und wandeln sich entsprechend der Bewusstseinsentwicklung der Menschheit. Mit C.G. Jung gesagt:

Die ewige Wahrheit bedarf der menschlichen Sprache, die sich mit dem Zeitgeist ändert. Die Urbilder sind unendlicher Wandlung fähig und bleiben doch stets dieselben, aber nur in neuer Gestalt können sie neu begriffen werden. Immer erfordern sie neue Deutung ... Es scheint, dass alles Wahre sich wandelt und dass nur das Sich-Wandelnde wahr bleibt.[15]

Der Archetyp des *Kosmischen Kreuzes* taucht gerade heute in Tiefenträumen und inneren Weisungen neu auf. Schon Teilhard de Chardin wurde von dieser Wandlung erfasst. Die Ausweitung vom Kreuz der Sühne und Wiedergutmachung zum Kreuz des Wachstums und des Aufstiegs ins Licht war eines seiner großen Anliegen.
In Jesus Christus wird das Kreuz in zweifacher Hinsicht zum universalen Heilszeichen:
1. Durch sein Wort am Kreuz: »Vergib ihnen, denn sie wissen nicht, was sie tun«, löst er eine karmische Struktur von Ursache und Wirkung auf. Er löst die Trennung auf und öffnet, wie es in den alten Adventsliedern heißt, die Türen zum Himmel.
2. Darüber hinaus trägt das göttliche Wort, der *Kosmische Christus*, die ganze Evolution in ihrem Aufstieg zum Licht. Das Kreuz der Sühne wird ausgeweitet zum Kreuz des Wachstums, zum Kreuz der Fülle.

Da wir in ein Universum geworfen sind, in dem der Kampf gegen das Übel die »conditio sine qua non« der Existenz ist, erhält das Kreuz eine neue Bedeutung und Schönheit, nämlich genau jene, die uns am meisten anziehen könnte. Zweifellos trägt Jesus immer die Sünden der Welt. Das moralische Übel wird auf geheimnisvolle Weise durch das Leiden aufgewogen. Aber noch wesentlicher ist er der, der strukturell in sich selbst und für uns den Widerstand der Materie gegen den geistigen Aufstieg überwindet. Er trägt unvermeidlich die Last jeder Art Schöpfung ...

Das volle Geheimnis der Taufe ist nicht mehr nur abwaschen, sondern (die griechischen Väter hatten es wohl beachtet) hineintauchen in den reinigenden Kampf, um zu sein.[16]

In dieser doppelten Bedeutung des Kreuzes kann der Mensch, der die Gestalt des Kreuzes in seinem Körper darstellt, in unserer Zeit in ein neues Selbstverständnis hineinwachsen. In jenes Selbstverständnis, in dem uns im 2. Petrusbrief die Zusage gemacht wird[17], wir seien ein auserwähltes Geschlecht, eine heilige Priesterschaft, mit dem Auftrag, Gott geistige Opfer darzubringen und uns als lebendige Steine zu einem geistigen Haus aufbauen zu lassen. Könnte es nicht zur vornehmsten Aufgabe von Christinnen und Christen gehören, diese Verheißung jedem Menschen zuzusprechen, ohne ihn christlich zu vereinnahmen?

Wenn wir die doppelte Bedeutung des Kreuzes annehmen, werden wir zu Priesterinnen und Priestern der kosmischen Wandlung, zu Priesterinnen und Priestern der *Neuen Schöpfung*. Je mehr wir in das doppelte Geheimnis des Kreuzes hineinwachsen, umso mehr können wir jeden Tag unseres Lebens an den beiden Polen – Transformation des Übels – Aufstieg ins Licht – teilnehmen und eine aktive Rolle spielen im großen Drama Gottes mit Seiner Schöpfung.

Wie kann ich mich nun als *Kosmisches Kreuz* erfahren?

Meditative Übung

Stellen Sie sich mit ausgebreiteten Armen hin und werden Sie gewahr, dass Ihr Körper die Gestalt des Kreuzes hat – und dass in ihm die ganze Schöpfung eingezeichnet ist.

Wiederholen Sie auf mantrische Art und Weise das Wort: »Ich bin das *Kosmische Kreuz*.«

Spüren Sie nach, was dieses Mantra in Ihnen auslöst und was es bewirkt.

Halten Sie die empfangenen Impulse auf einem Blatt fest, damit die Botschaft für Ihren Alltag fruchtbar wird.

Seid Priesterinnen und Priester der »kosmischen Wandlung«

Spürt man den verschiedenen Gestalten und Funktionen priesterlicher Tätigkeit innerhalb der Menschheitsgeschichte nach, so wird deutlich, dass Priestertum und Opferpraxis immer zusammengehörten. Und es wird auch sichtbar, dass sich das Opferverständnis im Laufe der Jahrtausende immer wieder gewandelt hat.
Während der Zeit matriarchaler Kulturen wurden der *Großen Mutter* (ca. 7000 v. Chr.) noch Menschen geopfert, um mit Fruchtbarkeit gesegnet zu werden. Damals gab es scheinbar noch kein Wissen um den männlichen Beitrag bei der Zeugung von neuem Leben. Was aber offensichtlich war: Erwartete eine Frau ein Kind, so versiegte ihre monatliche Blutung. Dies führte dann wohl zu der Ansicht, dass auch die *Große Mutter*, nämlich die Erde, Blut braucht, um neues Leben und Nahrung entstehen zu lassen.
Diese Praxis scheint sich schon zur Zeit der *Großen Göttin*, ca. 3500 v. Chr. gewandelt zu haben. Schon damals scheint sich ein Wissen gebildet zu haben, dass »geistige Opfer im Herzen« dem neuen Leben mehr dienen als Blut. Schon damals scheint ein Bewusstsein um die Notwendigkeit des Opfers des egozentrischen Ichs aufgetaucht zu sein. Und schon damals (wie heute) entstand die Versuchung, die »geistigen Opfer« zu umgehen. Nach Ken Wilber entstanden die Ersatzopfer (Früchte, Tiere), um dem »Opfer des Herzens« auszuweichen. Wie dem auch sei, religionsgeschichtlich betrachtet hat das Opferverständnis im Laufe der Menschheitsgeschichte trotz vieler Rückfälle eine ständige Transzendierung und Sublimierung erfahren.
Diese Entwicklungslinie erfuhr einen neuen Höhepunkt durch Jesus von Nazareth. Er ist Opfergabe und Hoherpriester zugleich. Dadurch wird das alte Verständnis von Kult und Priestertum abgelöst und ausgeweitet. Er selbst wird zum neuen »Sühneopfer« – und er ist zugleich der Hohepriester, der das Opfer darbringt. Jesus Christus befähigt uns, in ein neues Verständnis von Priestertum hineinzuwachsen.
In seinem Leiden, Tod und in seiner Auferstehung nehmen wir Anteil an der großen, von ihm eingeleiteten Transformation des Opferkultes. Lassen wir die Passionsgeschichte Jesu Christi auf uns wirken – vor allem wie sie von der Christenheit im Kreuzweg mit den 14 Stationen verstanden

und gedeutet wurde –, werden wir zu staunenden Zeugen, wie Grundmuster der Menschheit transformiert werden. Jesus erlebte physisch, psychisch und geistig die großen Themen der Abspaltung und Illusion der Getrenntheit aus dem Urgrund: Er wird zum ungerecht Verurteilten – zum Ausgelieferten der staatlichen Mächte. In seinem dreifachen Zusammenbruch unter dem Kreuz wird er zum Zusammenbruch schlechthin, zum verunstalteten Gottmenschen – er wird zur Ohnmacht Gottes und zur gekreuzigten Schöpfung.

In jeder Station des Kreuzweges, in dem die Grundmuster des *Kosmischen Neins* ihren Ausdruck finden, transformiert er das *Kosmische Nein* in ein *Kosmisches Ja*, die Trennung in eine neue Verbindung von Himmel und Erde. In jeder neuen Demütigung, Gewalt und Zerstörung antwortet er mit der *Ohnmacht der Liebe*, mit jener Macht, die auch in größter Not und Erniedrigung nicht zurückschlägt. Jener Macht, die ein für alle Mal aufhört, Gleiches mit Gleichem zu vergelten.

Damit hebt er das Gesetz vom Bösen, das immer wieder Böses erzeugt, auf. In der Art, wie Jesus von Nazareth das Kreuz nach Golgotha trägt, legt er den Samen zu einem neuen Umgang mit Aggression, Erniedrigung und Gewalt. Er hat in seiner Person die Feindschaft getötet, heißt es im Epheserbrief[18]. Er hat durch sein Leiden und Sterben die Samen für die *Neue Schöpfung* gelegt. Wenn wir das bedenken, müssen wir uns fragen:

- Was haben wir Christinnen und Christen mit diesen Samen gemacht?
- Wie haben wir das Wachstum dieser Samen gefördert?
- Wo lernen wir die Umsetzung der Weisung: »Liebet eure Feinde und betet für die, die euch verfolgen.«[19]

Jesus von Nazareth wurde zum Opfer und hat in seiner Liebe die ganze Opferpraxis der Menschheit transformiert.

Jesus wird aber auch zum Hohenpriester. Und diese hohepriesterliche Tätigkeit beginnt schon vor dem Kreuzweg, beim letzten gemeinsamen Mahl mit seinen Freundinnen und Freunden.

Die magische Praxis, sich Fleisch und Blut des Feindes einzuverleiben, wandelte er in eine unblutige Geste von unauslotbarer Schönheit und Tiefe. Er gibt uns Brot und Wein mit den Worten: Dies ist mein Leib, dies ist mein Blut. Er lädt uns ein, auf unblutige Weise an seinem Gott-Mensch-Sein zu partizipieren und uns dabei bewusst zu werden, dass sich der ganze Kosmos im Prozess der »Leibwerdung Gottes« befindet. Teilhard de Chardin beschreibt diesen Prozess so:

Wenn der Kosmos Gottes werdender »Leib« ist – und das »Dies ist mein Leib, dies ist mein Blut« in der Eucharistiefeier über Brot und Wein ist das Erinnerungszeichen dafür –, dann suchen und erfahren wir Gott nicht fern von uns und jenseits der Welt, sondern mitten in uns und inmitten des Kosmos. Das Wort des heiligen Paulus auf dem Areopag in Athen bekommt jetzt einen neuen, aktuellen und tieferen Sinn: Die Menschen »sollten Gott suchen, ob sie ihn ertasten und finden könnten; denn keinem von uns ist er fern. Denn in ihm leben wir, bewegen wir uns und sind wir, wie auch einige von euren Dichtern gesagt haben: wir sind von seiner Art« (Apg 17, 27/28). Doch wir leben und bewegen uns nicht nur in Gott, wenn wir in der Welt sind, wir nehmen auch an seinem Werden teil, am Werden Gottes im Kosmos.

Wir selbst sind Werdende, wir müssen es – aller Trägheit zum Trotz – auch sein wollen und uns für das Werden Gottes in uns und durch uns zur Verfügung stellen.[20]

Jesus lädt uns ein, ihm auf seiner neu gelegten Spur zu folgen und diese Spur in seinem Geiste zu einem Weg des Aufstiegs ins Licht zu entfalten. Bis in die letzte Zelle seines Körpers setzt er die Weisung des Propheten Hosea um: »Nicht Schlachtopfer will ich, sondern Liebe, nicht Brandopfer, sondern Gotteserkenntnis.«

Jesus von Nazareth, Opferlamm und Hoherpriester zugleich, löst ein für alle Mal die Notwendigkeit exoterischer Opfer, das heißt rein äußerliche Opferpraxis, auf. Er transformiert und erweitert das Kreuz des Todes zum Kreuz der Auferstehung. Das Kreuz der Sühne und Wiedergutmachung zum Kreuz des Aufstiegs ins Licht. Und er leitet ein neues Verständnis des Priestertums ein.

Wir alle, die ganze Menschheit ist ein auserwähltes Geschlecht, berufen zu einer heiligen Priesterschaft, um geistige Opfer darzubringen. Wir alle sind berufen, Priesterinnen und Priester der *Kosmischen Wandlung* zu sein.

Wie aber werden wir zu Priesterinnen und Priestern der *Kosmischen Wandlung*?

Elemente einer Übungswoche

Zusammen mit über dreißig Frauen und zwei Männern habe ich während einer Woche der Einkehr zu diesem Thema geforscht. Um es gleich vorwegzunehmen: Es war eine der inspirierendsten Wochen meines Lebens. Folgende Tagesstruktur leitete uns dabei:

7.30	Kontemplatives Gebet
9.00	Impuls zum Thema und Austausch
10.30	Pause
11.00	– Meditative Körperübungen zum Thema: »Wisst Ihr nicht, dass Euer Leib ein Tempel des Heiligen Geistes ist und dass Gottes Geist in Euch wohnt?«
	– Lichtheilungsmeditationen zur Heilung der Vergangenheit und Neuausrichtung der Kräfte
12.00	Mittagessen
14.00	Zeit zur persönlichen Betrachtung und Reflexion
17.00	Wortgottesdienst und Kommunionfeier
20.00	Kontemplatives Gebet

Am Schluss der gemeinsamen Woche wurde deutlich, dass der Aufbau der Tage bei allen Beteiligten sowohl eine maximale Öffnung wie auch eine Neuausrichtung der Kräfte und Integration ermöglichte.
Die Verbindung von Schweigemeditation, Übungen zur vertieften Körperwahrnehmung, Impulsreferate als Hilfe zur eigenen Reflexion und Standortbestimmung, das persönliche Einzelgespräch und der Gruppenaustausch und nicht zuletzt das tägliche Einüben einer klaren Absichtserklärung (Deklaration) setzte so viele Versöhnungs- und Heilungsprozesse in Gang, dass Freude und Dankbarkeit der Beteiligten groß war.
Die inhaltlichen Hauptthemen kreisten um den großen Übergang, in dem sich der Planet Erde und die Menschheit befinden. Unter dem Stichwort »Ehrt die Vergangenheit« spürten wir nach, was uns von unserer eigenen, christlichen Sozialisation heute noch trägt und was wir stillschweigend losgelassen haben.
In diesen Prozessen wurde deutlich, dass die religiösen Leitlinien zur Orientierung, die uns in unserer Kindheit gegeben wurden, fast alle ent-

weder ersatzlos aus unserem Leben verschwanden oder aber durch psychologische und soziologische Orientierungshilfen ersetzt wurden. Und miteinander erkannten wir, dass mit dieser Säkularisierung einerseits eine Befreiung, aber genauso eine Verarmung stattfand. Wir befreien uns von Themen wie: lässliche Sünde und Todsünde; Hölle, in die wir gelangen, wenn wir nicht im Stande der Gnade sterben. Wir befreien uns von den einengenden Normen im Bereich der Sexualität und von vielem mehr.

Aber wir haben in der christlichen Verkündigung wenig Neues entwickelt, das verbunden ist mit einem Zugang zum Geheimnis der Trinität und einer Christologie, die unseren Alltag nähren kann.

Die Impulsreferate hatten daher die Aufgabe, uns an die großen Themen der mystischen Theologie vom Abstieg und Aufstieg Gottes, in einer der heutigen Zeit entsprechenden Sprache, heranzuführen. Die Leittexte dazu waren der Prolog des Johannesevangeliums und die Texte des deutschen Mystikers Johannes Tauler (13. Jahrhundert) über die drei Phasen der Gottesgeburt.

Im Laufe der Woche bildeten sich zwei Gruppen heraus, um aktiv mitzuarbeiten an der Wandlung, die in und um uns geschieht. Die größere Gruppe war bereit, auf der persönlichen Ebene täglich an diesem Thema zu arbeiten.

Die kleinere Gruppe von vorwiegend theologisch ausgebildeten oder im kirchlichen Dienst tätigen Teilnehmenden formierte sich, wie schon erwähnt, zu einer Forschungs- und Arbeitsgruppe mit dem Thema: »Wie diene ich dem großen Übergang?« Ausgehend von der Tatsache, dass im Unterschied zum Tier nur der Mensch in die Lage kommen kann, schuldig zu werden, und dass die Nivellierung dieses Sachverhaltes zu einer gefährlichen Orientierungslosigkeit führt, stellten sie sich folgende Fragen: Wie können wir die drückende Sündentheologie unserer Kindheit zu einem neuen Raster der Orientierung wandeln? Was also wäre ein neuer Umgang mit den Themen Sünde, Schuld und Vergebung?

Die Gruppe plante, beim ersten Treffen anhand der drei Glieder des Hauptgebotes: »Gottesliebe – Nächstenliebe – Selbstliebe«, einen Leitfaden für die tägliche Gewissenserforschung am Abend zu entwickeln. Einen Leitfaden der uns hilft, mit Nüchternheit und gütiger Geduld, mit Klarheit und Humor, unsere täglichen Mängel in der Liebe zu uns selbst, zu unseren Mitmenschen und zu Gott von »Mist zu nährendem Dünger«

zu kompostieren. Eine »Sündenbetrachtung«, die nicht niederdrückt, sondern unser Herz öffnet und uns animiert, täglich an uns zu arbeiten:

- wissend, dass alles, was wir denken, alles, was wir tun und lassen, eine Wirkung hat;
- wissend, dass wir täglich die Möglichkeit haben, Altes loszulassen, aus dem Vergangenen zu lernen und neu zu beginnen und
- wissend, dass wir jeden Tag gerufen sind, Priesterinnen und Priester der *Kosmischen Wandlung* zu sein.

Texte zur Besinnung

Priesterinnen und Priester der Kosmischen Wandlung

Ich bin eine Priesterin der *Kosmischen Wandlung*.
Deshalb erkläre ich meine Absicht und Bereitschaft, jeden Tag in dem Bewusstsein zu beginnen und zu beenden, dass mein Leib ein Tempel des Heiligen Geistes ist. Dadurch wirke ich mit an der Transformation des Körpers und am Aufbau des mystischen Leibes Christi.

Ich bin ein Priester der *Kosmischen Wandlung*.
Deshalb will ich jeden Tag mit Lust und Freude an der Wandlung der drei Grundtriebe Sexualität, Macht und Besitz arbeiten, sodass ich sie nicht mehr unterdrücken muss. Ich bin bereit, am Thema »Askese der Entfaltung versus Askese der Unterdrückung«

Die Deklarationen der Teilnehmenden bauen ein wunderbares Kraftfeld auf. Eine Atmosphäre der Bereitschaft zur Hingabe. Ein Feld der Heiterkeit und Freude! Eine Energie der Ermächtigung und des Mutes! Ein Feld, in dem die Kraft der Auferstehung spürbar wurde.

Die in der Schlussrunde geäußerten Zeugnisse der Teilnehmenden mögen auch Sie, liebe Leserin und lieber Leser, zur Besinnung anregen:

---

in meinem Alltag neue Wege zu erforschen. Ich will alles tun, damit die starken Energiequellen im Bereiche der drei Grundtriebe zu einem Feuer der Gottes- und Nächstenliebe werden.

Ich bin eine Priesterin der *Kosmischen Wandlung*.
Deshalb erkannte ich in dieser Woche meine Berufung, mich den Leiden der Welt zu stellen, indem ich täglich das verdeckte Licht Gottes in allem Dunkel, das mir begegnet, anspreche. Ich habe verstanden, dass Gott in allem IST, auch in den dunkelsten Orten des Kosmos, und dass wir gerufen sind, in seinem Namen das Dunkle in Licht zu wandeln.

Ich bin eine Priesterin der *Kosmischen Wandlung*.
Deshalb heilige ich meine Sexualität, meine Schöpferkraft, indem ich sie bewusst mit der Liebe des Herzens verbinde.
Ich lebe meine Sexualität zur gegenseitigen Freude und Erfüllung in meiner Partnerschaft.

Gottesgeburt und Heiligung des Alltags

Die Frage, was »Heiligung des Alltags« bedeutet, ist für Christinnen und Christen unserer Zeit am besten auf der Grundlage eines trinitarisch-kosmischen Verständnisses der Christuswirklichkeit möglich. Diesem wollen wir uns in einer dem 21. Jahrhundert angemessenen Art und Weise nähern, ohne jenen vereinnahmenden missionarischen Anspruch und ohne jene Überheblichkeit, welche die zweitausendjährige Geschichte des Christentums so oft geprägt hat.

Wir tun dies voller Respekt vor allen Weltreligionen und religiösen Bekenntnissen, die alle Ausdruck des einen göttlichen Geheimnisses sind. Gelingt es uns, die Stimme des Christentums innerhalb des Chors der Weltreligionen im Sinne des Jesus von Nazareth erklingen zu lassen, ist keine vereinnahmende Missionierung nötig. Es wird eine Stimme der Anziehung, der Verlockung, der Ermutigung, der Würdigung aller Unterschiede – es wird eine Stimme der Liebe sein.

Christus verstehen heißt, sich auf das trinitarische Geheimnis einlassen, wie es etwa Augustinus und Johannes Tauler meisterlich dargestellt haben. Die drei Phasen der Gottesgeburt von Johannes Tauler können auch für unsere Zeit eine Hilfe sein, die Länge und Breite, die Höhe und Tiefe der Christuswirklichkeit zu erspüren. Lassen wir uns also von Johannes Tauler und von Augustinus verlocken, Christus mit ihren Augen zu sehen. Dann aber hören wir auf die Stimme des Geistes Gottes in unseren eigenen Herzen, denn in jedem und jeder von uns will Christus neu erkannt werden. In jeder und jedem von uns will Christus geboren werden.

Die drei Phasen der Gottesgeburt

Manchmal frage ich jene Menschen, die von der Kirche den Auftrag haben, die *Frohe Botschaft* zu verkünden, weshalb sie nicht häufiger über Dreifaltigkeit sprechen. Die Antwort heißt fast immer: Zu schwierig! Natürlich ist es nicht einfach, über das trinitarische Geheimnis zu sprechen, zumal wenn dieses Sprechen vorwiegend aus unserer mental-rationalen Intelligenz erfolgt. Doch genügt es zu schweigen, wenn das Geheimnis, das wir Gott nennen, alle unsere Worte übersteigt?
Als junge Frau hörte ich den Jesuiten Ladislaus Boros über Trinität sprechen. Obwohl sein Vortrag über die Entstehung des Dreifaltigkeitsdogmas auch ein intellektueller Genuss war, hat er uns viel mehr vermittelt als eine interessante Dogmengeschichte. Als er davon sprach, wie der heilige Augustinus das trinitarische Geheimnis erfuhr und deutete, entstand eine neue Energie im Raum. Ein gesammeltes, großes Schweigen. Noch heute erinnere ich mich an diesen Umschwung der Atmosphäre. Es war, wie wenn die Aufmerksamkeit aller Teilnehmenden auf einen Punkt ausgerichtet würde, als wir hörten:»Jede der göttlichen Personen ist in jeder der anderen. Alle sind in jeder einzelnen. Jede einzelne ist in allen, und alle sind eine einzige« (De Trinitate VI,10,12). Mir war, als hörte ich in einfachster Sprache Erkenntnisse über die Grundlagen des holistischen Weltbildes, wie ich es sonst nur bei Quantenphysikern, System- und Chaostheoretikern und bei Ökologen fand.
Und als er dann noch den Begriff der *Perichorese* als vollkommenes Durchdrungensein und Bezogensein der drei Personen innerhalb des trinitarischen Geheimnisses erläuterte, da erfuhr ich ein Glücksgefühl im ganzen Körper.
Gott schuf die Welt nach seinem Bild und Gleichnis, heißt es in der Genesis, dem ersten Buch der Bibel. Gott ist Beziehung. Gott, das bildlose Urbild schuf eine Schöpfung nach seiner eigenen Matrix. Denn, wie wir im letzten Kapitel gesehen haben: Die ganze Schöpfung erschließt sich uns als relational, als ein einziges großes Beziehungsgeschehen.
Mein Glücksgefühl zeigte mir: Da sprach einer, der wusste, der durch sein eigenes Ergriffensein die Türe zum trinitarischen Geheimnis in uns zu öffnen vermochte. Da sprach einer, der wusste, es braucht beides, reden und schweigen, um mit der letzten Wirklichkeit in Kontakt zu kommen. Erst viel später lernte ich die Texte des deutschen Mystikers Johannes

Tauler kennen. Seine Weihnachtspredigten *Puer natus est nobis – et filius datus est nobis* waren für mich eine wunderbare Vertiefung des augustinischen Trinitätsverständnisses. Taulers Aussagen über die dreifache Gottesgeburt hat mich angeregt, mit Neugierde die »trinitarischen Samen« in anderen Religionen, zumal im Zen-Buddhismus zu suchen, dabei Gemeinsamkeiten und Unterschiede zu entdecken und eine Sprache für beides zu finden.

Die erste Phase der Gottesgeburt: Immanente Trinität

Johannes Tauler scheint vom Geheimnis dessen, was mit *Perichorese* umschrieben wird, erfüllt gewesen zu sein.

Die drei göttlichen Personen – Vater, Sohn und heiliger Geist – sind seit dem »anfanglosen Anfang« mit sich selbst in einer so tiefen gegenseitigen Einwohnung und Beziehung ohne gegenseitige Verschmelzung, dass die drei Personen eine Gottheit sind. Das Wort *Person* im geistigen Sinne bedeutet, im Tiefsten sich selbst, also im *Selbstbesitz* zu sein! Selbstbesitz geschieht über Selbsterkenntnis. In der *Perichorese,* dieser immer währenden Umarmung von Vater, Sohn und Geist, geschieht Selbsterkenntnis Gottes. Der Vater, der unmanifeste Urgrund spricht seit Ewigkeit sich selbst aus. Das Wort, das aus ihm hervorgeht, ist Liebe. Er gebiert den Sohn im ewigen Jetzt. Das Wort, das zu ihm zurückfließt, ist Liebe. Im Wort, im Sohn, erkennt der Urgrund in unendlicher Glückseligkeit sich selbst. So gebiert und erkennt die dreieine Gottheit sich selbst im ewigen Jetzt. In Gottes gestalt- und formlosen Urgrund, in dem Einheit und Differenzierung ohne Widerspruch wesen, vollzieht sich die erste Phase der Gottesgeburt vor aller Zeit.[21] Johannes Tauler formuliert es so:

Der Vater mit seiner persönlichen Eigenheit kehrt sich in sich selbst durch seine göttliche Erkenntniskraft, und er durchschaut in klarem Verstehen den wesenhaften Abgrund seines ewigen Wesens, und schon durch das bloße Verständnis seiner selbst spricht er sich aus. Und das Wort ist sein Sohn, und die Erkenntnis seiner selbst, das ist das Gebären seines Sohnes in der Ewigkeit. Es bleibt in sich in wesenhafter Einheit und geht aus sich aus in der Unterscheidung der Person. So also geht er in sich und erkennt sich selbst; dann geht er aus sich im Gebären seines Ebenbildes, das er dabei erkannt hat und erfasst; dann geht er wiederum in sich ein, in vollkommenem Wohlgefallen an sich selbst. Dieses Wohlgefallen strömt sich in unaussprechlicher Liebe aus, das ist der Heilige Geist. So bleibt er in sich, geht aus und geht wieder in sich. Alle Ausgänge geschehen um der Wiedereingänge willen.[22]

Dieses Geschehen wird im theologischen Sprachgebrauch als *immanente Trinität* bezeichnet. Gott ist Gemeinschaft, Gott ist Beziehung, Gott ist Liebe. Leonardo Boff drückt dies so aus:

Trinitarische Logik heißt: Der Vater ist einzig, und es gibt niemanden wie ihn; der Sohn ist einzig, und es gibt niemanden wie ihn; der heilige Geist ist einzig, und es gibt niemanden wie ihn.[23]

Das ist kein Tritheismus – die drei Personen sind nicht drei Götter. Trinitarische Logik ist prozesshaft und relational. Die drei Personen sind ein Gott, in vollkommenem Bezogensein.[24] Jenes Geheimnis, das in theologischer Sprache mit *immanenter Trinität* bezeichnet wird – die Gottheit vor aller Schöpfung –, wurde und wird von christlichen Mystikern oft als Leere, als »Nichtsheit« umschrieben.

Hören wir einige Texte aus der deutschen Mystik:

Alles, was Wesen hat,
das hängt im Nichts.
Und dieses Nichts ist ein so unbegreifliches Etwas,
dass alle Geister im Himmel und auf Erden
es nicht zu begreifen, noch zu ergründen vermögen.[25]

Einem Menschen kam es wie in einem Traum –
es war ein Wachtraum – vor,
wie er schwanger würde vom Nichts
wie eine Frau mit einem Kind.
Und in dem Nichts wurde Gott geboren;
das war die Frucht des Nichts.
Gott wurde geboren in dem Nichts.[26]

Während meiner Zen-Unterweisung in Japan und Hawaii entwickelte sich im Laufe der Jahre ein tiefer und anspruchsvoller Erfahrungsdialog mit buddhistischen Freundinnen und Freunden. Nicht wenige von ihnen waren erstaunt, dass sich christliche Ordensleute der Zen-Meditation, einem Weg der Entbildung und der Entleerung der Gedanken, hingaben. Für die meisten von ihnen war es neu, dass die Erfahrung der Nichtsheit und Leere ein genuiner Erfahrungsschatz christlicher Mystik war und ist. Zeigten wir ihnen in unseren Gesprächen Texte wie eben zitiert, so entstand aus dem Erstaunen oft Verwirrung. Noch heute sehe ich das ratlose Gesicht einer buddhistischen Nonne vor mir, als sie fragte: »Wie ist es dann möglich, von Gott als Person zu sprechen, wenn ihr die Nichtsheit erfahren habt?« Es brauchte stundenlange Gespräche, bis ich verstand, dass für die meisten meiner buddhistischen Weggefährten der Begriff der *geistigen Person* fremd war. *Person* wurde automatisch mit antropomorph gleichgesetzt. Hörten sie dann noch Worte wie: »Vater, Sohn und Geist« so wurde der Dialog über weite Strecken vor allem auf meiner Seite, ein suchendes, manchmal hilfloses Stammeln über die christliche Erfahrung, dass das gestalt- und formlose Geheimnis als Beziehung erlebt wurde und in der prägnanten Formulierung des Jesus von Nazareth »Ich und der Vater sind eins« auf eine neue Stufe gehoben wurde.

Die Gespräche mit meinen buddhistischen Weggefährten über *Immanente Trinität*, die Gottesgeburt innerhalb der Gottheit vor aller Schöpfung, waren für mich persönlich oft eine bedrängende, im Rückblick jedoch gnadenvolle Provokation. Denn sie forderten mich heraus, Sprache zu finden für das, was Tauler die erste Phase der Gottesgeburt nennt, das innertrinitarische Geheimnis vor aller Schöpfung. Ein Höhepunkt dieser inneren und äußeren Auseinandersetzung war für mich der Abschiedstag von der zukünftigen Zen-Lehrerin Annemarie Schlüter im Zendo in Kamakura. Es war üblich, dass angehende Zen-Lehrer der Sanbo-Kyodan-Gruppe eine Rede vor der Sangha, der Gemeinschaft, hielten, bevor sie zu lehren begannen, und dabei auch von ihrer Erfahrung sprachen. Nach dem großen Dank an ihren Dharma-Vater Yamada Roshi, seine Frau und die Sangha, sagte Annemarie: »Ich habe in meinem Erwachen Leere-Liebe erfahren.« Das war eine sehr ungewohnte Ausdrucksweise, um eine Kensho-Erfahrung (anerkannte Erleuchtung) in einem buddhistischen Zendo auszudrücken. Aber Yamada Roshi strahlte. Durch seine tiefe Freundschaft mit Pater Lassalle und durch seine Begleitung von vielen christlichen Ordensleuten wusste er, dass sich das Geheimnis, das er *Buddhanatur* und die Christen *Gott* nennen, in allen Religionen ähnlich, aber auch verschieden ausdrückt. Und er wusste, dass diese Verschiedenheit ein großes Ergänzungspotenzial in sich birgt.

Die erste Phase der Gottesgeburt bedeutet also: Durch ihre innertrinitarische Gemeinschaft (Perichorese) ist die Gottheit in einem nie endenden Prozess der Selbstmitteilung und Selbsterkenntnis. Diese Selbsterkenntnis meint auch *Selbstbesitz* und dies ist nach Teilhard de Chardin die Grundlage all dessen, was mit *personal* und *Person* gemeint ist. Von diesem Geheimnis spricht, wie wir gesehen haben, auch Tauler, wenn er uns über die erste Phase der Gottesgeburt in seinen Predigten belehrt. Doch damit ist die Gottesgeburt nicht vollendet.

Die zweite Phase der Gottesgeburt: Der kosmische und der geschichtliche Christus

Am Anfang war das Wort
und das Wort war bei Gott
und das Wort war Gott.
Alles ist durch das Wort geworden
und ohne das Wort wurde nichts, was geworden ist,
in ihm war das Leben ...
und das Wort ist Fleisch geworden und
hat unter uns gewohnt.[27]

Die zweite Phase der Gottesgeburt ist wie ein Überfließen des innertrinitarischen Geheimnisses. Im Wort, das der Urgrund seit Ewigkeit ausspricht und in dem er sich selbst erkennt, entsteht Schöpfung. Alles ist durch das Wort geworden und ohne das Wort wurde nichts, was geworden ist, sagt uns der Autor des Johannesevangeliums. Im göttlichen Logos – im Sohn – gebiert die Gottheit Himmel und Erde, die feinstofflichen und grobstofflichen Welten. So ist das Wort der dreieinen Gottheit das aktive Prinzip, in dem Schöpfung entsteht. In der zweiten Phase der Gottesgeburt beginnt somit der Abstieg und der Aufstieg Gottes: Der im innertrinitarischen Geheimnis wesende *präexistente Christus* wird zum *Kosmischen Christus*. Die Kenosis, das heißt die Selbstentäußerung

Gottes, beginnt in dem Moment, wo Schöpfung entsteht – sich die Gottheit mit Materie bekleidet – und eine Werdewelt schafft. Eine Werdewelt nach seinem Bild und Gleichnis.

Im *Kosmischen Christus* entfaltet sich die Materie, entsprechend der Urmatrix über je neue tiefere Vereinigungen und Beziehungen: von den Atomen bis zu den Vakuen zwischen den Atomen, von den Sternen und interstellaren Räumen bis zu den Galaxien und Milchstraßen. Nach christlichem Verständnis ist der *Kosmische Christus* jene Kraft und Bewegung, die in aller Evolution wirksam ist und über je neue Vereinigungen neue Gestalten hervorbringt. Der *Kosmische Christus* ist der im Wort Gottes Gestalt annehmende Leib Gottes, der uns in jeder Blume, in jedem Menschen, in jedem Stern begegnet und zu seiner Erkenntnis und Verherrlichung einlädt.

Der Höhepunkt der zweiten Phase der Gottesgeburt wird im Johannes-Prolog folgendermaßen umschrieben: »Und das Wort ist Fleisch geworden und hat unter uns gewohnt.« In Jesus von Nazareth wird Gott Mensch.

Ich weiß nicht, ob Teilhard de Chardin Johannes Tauler gekannt hat. Sicher aber ist, dass er das Geheimnis der dreifachen Gottesgeburt ein Leben lang umkreiste. Die *Christogenese* war ein Thema, das ihn zutiefst bewegte.

Aus dem innertrinitarischen Logos, dem präexistenten Christus, wird der *kosmische Christus* geboren und in der Fülle der Zeit erscheint Jesus von Nazareth, der geschichtliche Christus:

- Jesus, der von sich sagt: »Ich und der Vater sind eins«.[28]
- Jesus, der uns zeigt, dass der gestaltlose Urgrund jedem Menschen zugewandt ist und jeden Menschen persönlich liebt.
- Jesus, der uns einen barmherzigen, um seine Geschöpfe ringenden Gott zeigt, in dessen Himmel die Freude über einen bekehrten Sünder größer ist als über neunundneunzig Gerechte.
- Jesus, der uns einen Gott zeigt, der dem verlorenen Schaf nachgeht, bis er es gefunden hat, der den verlorenen Sohn in die Arme schließt und zu einem Festmahl einlädt.
- Jesus, der uns die letzte Wirklichkeit als Liebe, Erbarmen und Gnade zeigt.
- Jesus, der die selbstbewussten Worte spricht: »Ehe Abraham ward, BIN ICH.«[29]

Jesus, der geschichtliche Christus, ist die Offenbarung und Deutung des dreifaltigen Geheimnisses. In ihm wird, wie es der Autor des Hebräerbriefes sagt, die ganze Herrlichkeit Gottes offenbar.

Der Abschluss der zweiten Phase der Gottesgeburt ist die Geistsendung an Pfingsten. Und mit der Geistsendung wird die dritte Phase der Gottesgeburt eingeleitet; die Gottesgeburt in jedem Menschen und dadurch der Aufbau des mystischen Leibes Christi.

Die dritte Phase der Gottesgeburt: Die Geburt Gottes im Menschen

Das liebste Werk, das Gott so inniglich liegt an,
ist, dass er seinen Sohn in dir gebären kann.[30]

Und wäre Christus tausendmal zu Bethlehem geboren
und nicht in dir, du wärest ewiglich verloren.[31]

Diese Worte von Angelus Silesius zeigen, was mit der dritten Phase der Gottesgeburt gemeint ist: die Christusgeburt in uns und dadurch der Aufbau des mystischen Leibes Christi. Durch die Christusgeburt in uns nehmen wir teil am Werden Gottes im Kosmos. *Christogenese* nennt Teilhard de Chardin diesen Prozess.

In den Evangelien und der Apostelgeschichte wird deutlich, dass die Jünger Jesu die Christuswirklichkeit nicht fassen konnten, solange Jesus bei ihnen war. Jesus wusste darum, deshalb verwies er sie auf die Zeit nach seinem Weggehen: »Es ist gut für euch, dass ich fortgehe ... Noch vieles habe ich euch zu sagen, aber ihr könnt es jetzt nicht tragen. Wenn aber jener kommt, der Geist der Wahrheit, wird er euch in die ganze Wahrheit führen.«[32]

Erst nach der Geistsendung begannen die Apostel, die Christuswirklichkeit in ihren universalen Dimensionen zu erkennen; den auferstandenen erhöhten Christus, der in einem immer währenden Akt von Vereinigung und Läuterung alle Kräfte und Dimensionen des Alls an sich zieht. Aus der Herzmitte des Kosmos, in dessen Tiefen, Abgründe und Dunkelheiten Christus sterbend hineindrang, ermöglicht der Auferstandene Kräfte der Transformation, welche die neue Schöpfung hervorbringen. Die Gottesgeburt dauert also an. Der Auferstandene wandelt die Menschheit in seinen mystischen Leib. Aber nicht nur die Menschheit, sondern die ganze Schöpfung, ja der Kosmos mit all seinen möglichen anderen Menschheiten und Spezies und mit all seinen geistigen Welten und Wesenheiten ist berufen, Leib Christi zu werden. Menschheit und Schöpfung sind schicksalhaft miteinander verbunden. Paulus hat dies treffend im Römerbrief zum Ausdruck gebracht:

Denn die ganze Schöpfung wartet sehnsüchtig auf das Offenbarwerden der Söhne Gottes. Die Schöpfung ist der Vergänglichkeit unterworfen, nicht aus eigenem Willen, sondern durch den, der sie unterworfen hat, aber zugleich gab er ihr Hoffnung: Auch die Schöpfung soll von der Sklaverei und Verlorenheit befreit werden zur Freiheit und Herrlichkeit der Kinder Gottes. Denn wir wissen, dass die gesamte Schöpfung bis zum heutigen Tag seufzt und in Geburtswehen liegt. Aber auch wir, obwohl wir als Erstlingsgabe den Geist haben, seufzen in unserem Herzen und warten darauf, dass wir mit der Erlösung unseres Leibes als Söhne offenbar werden.[33]

Wir sind eins mit der Schöpfung. In uns und mit uns wird die Schöpfung erlöst in dem Maße, wie sich die Christusgeburt in jedem Einzelnen von uns vollzieht. Der Mensch ist die Mitte der materiellen und geistigen Welt. In ihm sind Materie, Psychisches und Geistiges vereint. Die Christusgeburt im Menschen wirkt sich daher in beide Richtungen der Schöpfung aus: in die materielle und geistige Dimension.[34]
Durch meine Arbeit als Zen- und Kontemplationslehrerin darf ich viele Menschen auf dem Weg in ihre eigene Tiefe begleiten. Dabei werde ich oft Zeugin des Wirkens des Geistes Gottes in unserer Zeit. Zudem bin ich mit vielen Menschen in Kontakt, die spüren, dass das Bild des *neuen Menschen* in ihnen zu erwachen beginnt.
Die Christusgeburt war nicht nur ein Thema der mystischen Theologie des Mittelalters. Mit Erstaunen erfahre ich vielmehr, dass das Wort *Christusgeburt* heute bei Menschen aufbricht, die ihre religiösen Erfahrungen sonst immer in einer transreligiösen Sprache ausdrücken.
Während ich an diesem Buch schrieb, bekam ich Tagebuchauszüge von einem Freund, der eine zentrale Rolle in einem Friedensprojekt und Heilungsbiotop einnimmt. Ein visionär begabter Mann, der mich an seinem Erwachen der Christuswirklichkeit teilhaben ließ. Es sind Texte im Tagebuchstil, in denen die innere Stimme Weisung zur Christusgeburt in uns

gibt. Es sind Texte eines Mannes, die mir zeigen: Der Geist Gottes weht, wo er will. Er wirkt oft gerade außerhalb der offiziellen Kirchen. Hören wir das Zeugnis von Dieter Duhm:

Schwanger mit dem neuen Christus – Nähre gut das innere Kind

Christus ist das innere Kind. Tue immer nur, was dem inneren Kind gefällt und was es gut nährt, damit es groß wird und dich eines Tages ganz erfüllt. Das ist der Gestaltwechsel, der dir bevorsteht. Dir und vielen anderen. Dazu musst du bereit sein und lernen, immer das zu tun, was dem inneren Kind gefällt. Wenn dich Stress beschleicht, dann bemerke es rechtzeitig und lass ab vom Stress; wenn Angst hochkommt, bemerke es rechtzeitig, lass die Bilder und Gedanken los; dasselbe gilt für Wut, für Hass, für schlechte Gedanken und Gefühle und natürlich auch für schlechte Nahrung. Verhalte dich so, dass es dem Kind gut tut. Das gilt auch für deine körperlichen Bewegungen, für Spiel, Ausgelassenheit, Übermut, für Sport und Körpertraining. Trainiere den Leib so, dass das Kind sich darin wohl fühlt. Fülle deine Seele mit Bildern und Gedanken, die den Körper des Kindes vergrößern und kräftigen. Baue deinen Willen auf in einer Richtung, in der das Kind wachsen möchte.
Bleibe in der Schwingung dieses Bewusstseins. Wenn jetzt neue Gedanken kommen, die mit neuen Aufgaben verbunden sind: Bleibe in der guten Schwingung dieses Bewusstseins. Nimm die neuen Aufgaben als ein Geschenk des Weltenstoffs und des unendlichen Bewusstseins. Prüfe sie, ob sie gut sind für das Kind. Und wenn sie gut sind, dann nimm sie an, ohne dich zu überlasten. Dies ist die Art von Achtsamkeit und Bedachtsamkeit, die du bewahren sollst. Trainiere es, sie zu bewahren. Dies ist ein Hauptbestandteil deines mentalen Trainings: diese Art von Achtsamkeit zu bewahren, damit die Schwingung in dir bleibt, die das Kind als Nahrung braucht. Es ist eine Schwingung von Wachheit, von Freude, von Kraft und von Geborgenheit.
Die Gottesgeburt im Menschen, die Wiedergeburt Gottes in einem Menschen mit dem Namen Jesus in dem Stall von Bethlehem: Du bist es! Die Gottesgeburt in Dir! In Gestalt dieses wachsenden Kindes. Du bist auch Jesus, in dem sich Gott neu manifestiert, und du bist auch die Mutter Maria, die das Kind in sich austrägt. Wir betreten das marianische Zeitalter, wo auch das männliche Bewusstsein marianische, mütterliche Züge

annimmt gegenüber dem, was hier zur Geburt kommen möchte: gegenüber dem neuen Christus.

Welch ein Geschenk, ein derartiges Zeugnis. Ein Mann zeigt uns, dass wir ins marianische Zeitalter eintreten, wo auch das männliche Bewusstsein mütterliche Züge annimmt. Ein Mann zeigt uns, wie seine innere Stimme zu ihm spricht, und lässt uns teilhaben an der Initiation seiner Christusgeburt.
Er zeigt uns: Christus will in uns geboren werden. Wir sind alle auch Mutter Maria. Wir sind schwanger und tragen das Kind in uns und es ist an uns, es gut zu nähren, damit es zu seiner vollen Gestalt wachsen kann.
Nur einige Tage, nachdem ich diesen Text gelesen hatte, durfte ich wiederum Zeugin einer spirituellen Unterweisung mit dem gleichen Thema sein. Aber diesmal war die Empfangende eine junge Frau, die mit der Gabe des »inspirierten Schreibens« beschenkt ist. Auch bei ihrer Botschaft geht es um das Erwachen des Mannes zum neuen Menschen. Hören wir Franziska Bolt:

Der uralte männliche Grundsatz des kämpferischen Angreifens, den ihr im Sprichwort »Jemandem die Stirn bieten« verankert habt, soll im Zeitalter des neuen Mannes aufgelöst werden. Die neue Männlichkeit kennt Herz und Bauch genauso als Zentren ihrer Wesenheit wie die Frau, die diese Aspekte bisher in Folge ihrer stärkeren Verbindung mit dem Erdboden mehr gelebt hat. Das männliche Bedürfnis zu führen und zu leiten ist eingefleischt und hat sich über Jahrtausende verselbständigt. Damit der Mann zum wirklichen Partner der Frau werden kann, braucht es eine Transformation desjenigen Aspektes seines Wesens, das zu lange schon führt, statt zu dienen, und dabei das unterentwickelte Herz übertüncht. Ein neues Gleichgewicht zwischen Mann und Frau wird entstehen. Der Mann wird der Frau nicht länger unterlegen sein und auf seine Weise zu gebären beginnen.
Euer Planet sehnt sich nach dem erwachten Mann. Es ist wichtig, dass die Männer sich miteinander verbinden und sich gegenseitig zu transformieren und zu befruchten beginnen. Dies gilt ganz besonders für die Angehörigen der verschiedenen Religionen. Der neue Mann wird keinen Krieg mehr führen können. Diese Information wird in seinen Zellen nicht mehr gespeichert sein. Dazu braucht es mehrere Entwicklungsschritte; die Transformation von Machtgier, Einzelgängertum und die zu starke Betonung des ratio-

nalen Verstandes. Das Erlernen der echten Demut und des Dienstes. Das Erlernen der neuen männlichen Stärke, die mit erwachtem Herzen, in Verbundenheit und Vernetztheit, die neue männliche Autorität sein wird.

Wie viele Parallelen zu dem Text von Dieter Duhm! Gott will in uns geboren werden. Das bedeutet eine Transformation unseres ganzen Wesens. Priesterinnen und Priester der kosmischen Wandlung erspüren und sehen die Zeichen, die Ausdruck dieser Transformation sind. Sie erkennen, wo der Geist Gottes wirkt, und ziehen jene Menschen an, an denen die gleiche Transformation geschieht.

So will ich zum Abschluss dieses Kapitels von der dritten Erfahrung zum Thema »Die Geburt des neuen Mannes« innerhalb von zehn Tagen sprechen. Ich besuchte einen Vortrag von Claude Thomas AnShin. Claude Thomas, ein ehemaliger Vietnam-Soldat, der nach seiner Verwundung mit zahlreichen Orden der US-Army vom Dienst entlassen wurde, ist seither dabei, überall in der Welt aufzuzeigen, dass Krieg Irrsinn ist und dass Hass und Gewalt überwunden werden können.

Ich hatte die Freude, dabei zu sein, als Claude Thomas zum buddhistischen Mönch ordiniert wurde. Aber ich hatte ihn noch nie von seinen Kriegserfahrungen berichten gehört. Als er uns erzählte, dass sein Urgroßvater, sein Großvater und sein Vater alle im Krieg waren – dass von daher Krieg für ihn eine ehrenwerte Tätigkeit darstellte, als er sich mit siebzehn Jahren freiwillig zum Einsatz in Vietnam meldete – als er uns erzählte, dass er Hunderte von Menschen getötet hat, da tauchte das Bild des neuen Mannes in mir auf und die Zusage, der neue Mann wird keinen Krieg mehr führen können, diese Information wird in seinen Zellen nicht mehr gespeichert sein. Vor allem der letzte Satz wurde mit jedem Wort von Claude Thomas in mir bestätigt. Er zeigte uns in seinem Vortrag: Die Erinnerungen an schwerste Kämpfe während der Monsune in Vietnam, diese Erinnerungen sitzen in seinem Zellgedächtnis. Er zeigte uns: Der Krieg ist eingefleischt. Jedes Mal, wenn es regnet, tauchen in Claude Thomas AnShin Bilder von siebzehnjährigen jungen Soldaten auf, die in Vietnam im Sumpf des Monsunregens verzweifelt nach ihren Müttern, Vätern und Freundinnen rufen. Oder es passiert ihm, dass »Erinnerungsblitze« in ihm auftauchen, wenn er in einem Lebensmittelladen eine Dose Gemüse aus einem Gestell nehmen will. Plötzlich wird er von Angst überwältigt, dass die Dose eine getarnte Sprengstoffladung enthalten könnte. »Eingefleischter Krieg.« Können wir uns vorstellen, dass eine Zeit kommen wird, in der das Programm Krieg nicht mehr in unseren Köpfen, Herzen und Zellen gespeichert ist? Können wir uns vorstellen, dass wir erwachen zu humanen Menschen? Persönlich trage ich die Überzeugung in mir, dass wir berufen sind, Abbild des Urbildes zu sein, trotz der Not unserer Zeit.

Wo immer jemand bereit ist, aus der eigenen Tiefe zu leben und dem großen Übergang zu dienen, erwacht das göttliche Kind in ihm, ereignet sich Gottesgeburt. Oder, in buddhistischer Sprache ausgedrückt: Wir erwachen zu unserem wahren Wesen.

In der dritten Phase der Gottesgeburt wandelt der auferstandene und erhöhte Kyrios die ganze Schöpfung in seinen Leib. Jedes Mal, wenn wir also das »innere Kind« im Sinne von Dieter Duhm nähren, nehmen wir Teil an der Christogenese, am Aufbau des mystischen Leibes Christi, der nach Hildegard von Bingen einmal die heilige Gottheit einhüllen soll.

Johannes Tauler hat schon im 13. Jahrhundert den Weg der Christogenese vom innertrinitarischen Geheimnis über die Geburt des kosmischen und geschichtlichen Christus bis zur Gottesgeburt in uns gesehen und uns damit den Weg gewiesen. Er lädt ein, uns der Schwangerschaft mit dem neuen Christus hinzugeben und alles zu tun, dass das »innere Kind« gut genährt und gepflegt wird. Er lädt uns ein zum großen JA, an der Geburt des neuen Menschen aktiv mitzuarbeiten. Sind wir dazu bereit?

Immer wieder stoße ich auf Zeugnisse von Inspirationen bei Menschen, die mitten in der Welt leben. Der folgende Text von Margrit Wenk-Schlegel ist ein solches Zeugnis (S. 50–52).

Während verschiedener Ausbildungseinheiten der Kontemplationsschule »Via Integralis« waren Dreifaltigkeit und die drei Phasen der Gottesgeburt zentrale Themen. Am Schluss einer dieser Ausbildungseinheiten spürte Margrit, dass sie etwas über Dreifaltigkeit schreiben wird, dass etwas aus ihr herauswill ...! Es dauerte dann aber noch Stunden, bis der Text »kam«. Inspirierte Texte sind immer Geschenke. Lassen wir uns von diesem Text berühren und nähren.

Eine Besinnung über das Dreifaltige Geheimnis

Du, Vater, mütterlicher Schoß von allem,
Du namenlose Quelle, tiefster Abgrund,
der uns stammeln lässt – und dann verstummen.
Wenn Du uns heimziehst, wir in Dir versinken,
verlöscht das Du und Ich,
entsinkt der Mensch in lautrem Nichts,
entschwindet ganz in Leerheit ohne Namen.
Kein Wort kann je beschreiben,
was dem Menschen da geschieht,
der eintaucht in den Urgrund allen Lebens!
Entwerd dir selbst, oh Mensch,
geh du in deinen eignen Grund
und tiefster Urgrund zieht dich ganz hinein
und lässt entschwinden dich, versinken und verschmelzen
und – taumelnd, liebend auferstehn in Trunkenheit,
in Glück, das keine Worte findet.

Urquelle, ew'ger Grund ohn' alle Namen,
die ohne Du und jedes Du doch bist,
die sich gebiert in tausendfacher Art.
Du lebst, entfaltest dich in jedem Wesen
und stirbst die Millionen Tode
– doch bleibst Du unverändert da.
Ach, könnte ich Dich je erfassen, Geheimnis, unergründlich tief!
Erkenne ich mich selbst im Grunde,
erkennst Du Dich, die mich beim Namen rief.

Du, Christus, Liebeshauch des Einen,
Du erstes Du des Grundes,
Urform aller Wesen und Gestalt der Liebe,
Du bist der Urgrund selbst und doch bist Du sein Du.

Du hast uns gezeigt, dass Gott auf dieser Erde lebt,
dass Urgrund Form ist – und die Liebe Leben.
»Ich und der Vater, wir sind eins«,
hast Du gesagt und uns gezeigt,

dass Vater eins ist mit dem Sohne
und allen Töchtern auch auf dieser Erde.
Du nimmst uns ganz hinein in dieses Wissen
dort, wo Du sagst: »Du tust es mir, was Ärmeren du tust.«
Zeigst uns damit, dass eins Du bist mit jedem Menschen,
dass Gott als jeder Mensch hier lebt
und dass Gott selbst sich liebt,
wenn wir uns selbst, das Leben und die Nächsten lieben.
Aus Liebe stirbst den Tod am Kreuz
und stirbst mit jedem Wesen
und wandelst Dich und uns zu neuem Sein.
Durch Dunkelheit, durch Gottverlassenheit und Tod hindurch
gehst tausendfach Du
um neu im Glanz der Liebe aufzustehn.
So wandelst Du die Schöpfung, wandelst Dich und mich in dem Erkennen,
dass weder Tod noch Leben trennen uns vom einen Grund.

Du, Ruach, Weisheit, Geist der Liebe,
Erkenntnis, die Du uns erfahren lässt, was ewig war.
Du bist die Einheit, bist das Liebesband Beziehung,
das Fließen aus dem Urgrund in die Schöpfung und von dort zurück.
Du bist der Sehnsucht Feuer unsres Herzens,
Du brennst als Liebe in der Seele,
lässt uns niemals ruhn, bis wir erkennen,
dass das, wonach wir uns verzehren,
wir selbst sind im tiefsten Wesensgrund.

Daraus lässt Du uns lieben und das Leben neu gestalten,
bist Ursprung für das neue Sein,
das weiß, dass Nichts und Alles eins sind,
dass Gott und Schöpfung nie getrennt
und dass die Liebe neues Leben schafft.

Ich gebe mich Dir hin,
zur Wandlung und ins Auferstehn,
in neuem Licht die Schöpfung und mich selbst zu wissen
und dienend dieser Wandlung beizustehn.

> So bist Du Gott – ich finde keinen Namen –
> Das Eine und das Alles,
> bist Urgrund, Schöpfung und die Geistkraft, die erkennt.
> Du bist das große Du und bist das ewig Ungetrennte.
> Du bist das Eine, das sich selbst gebiert in Liebe
> in den Gestirnen, Wesen und in mir –
> das tiefst' Verbindung lebt mit allem
> und weiß, begegnen tust Du immer Dir.
>
> Ich stamme staunend im Geheimnis,
> ich weiß – weiß nicht – und weiß doch tief,
>
> dass du Dich find'st in meinem Suchen,
> dass es nichts andres gibt als Dich.
>
> MARGRIT WENK-SCHLEGEL

Die Ausrichtung der Kräfte

Anhand von Texten des Augustinus und Johannes Taulers haben wir begonnen, uns dem christlichen Verständnis der letzten Wirklichkeit zuzuwenden: der dreieinen Gottheit, die sich selbst im ewigen Jetzt gebiert und erkennt. Und wir haben gesehen, dass die Gottesgeburt andauert. Gott will in jedem von uns geboren werden. Anhand von Texten ganz verschiedener Menschen unserer Zeit wurden wir Zeugen, wie Gottesgeburt ganz konkret erfahren wird und welche Wandlungsprozesse in uns stattfinden, wenn wir uns dem Wirken des Geistes überlassen. Erstaunlich bei diesen Beispielen ist für mich das Faktum, dass in den drei Beispielen mit großer Selbstverständlichkeit Worte wie »der neue Mensch« und »der neue Mann« gebraucht werden. So, als wären sie direkt vom heiligen Paulus inspiriert, der uns in seinen Briefen immer wieder zuruft: »Ziehet an den neuen Menschen« (Eph 4,24). Fragen wir nun nach der Möglichkeit, die Gottesgeburt in uns zu unterstützen, so

werden wir auf unseren Alltag verwiesen. An jedem Tag unseres Lebens will Gott in uns geboren werden.
Im Folgenden sollen einige wichtige Hilfen gezeigt werden, wie wir unseren Alltag heiligen und dadurch unseren Teil beitragen können, dass der neue Mensch in uns geboren wird.

Erkenne und bejahe die Größe deiner Berufung

Wir sind berufen, Kinder des Lichtes zu sein.
Wir sind gerufen, Mitschöpferinnen und Mitschöpfer Gottes zu sein.
Wir sind berufen, als »königliches Geschlecht und heilige Priesterschaft« (1 Petr 29 ff.) die Verbindung von Himmel und Erde zu sein.
Erst durch die demütige Bejahung der Größe unserer Berufung können wir beginnen, den Alltag zu heiligen. Ignatius von Loyola, der Gründer des Jesuitenordens, hat uns ein wunderbares Leitwort geschenkt, um in die Größe dieser Berufung hineinzuwachsen: Gott suchen und finden in allen Dingen. Können wir spüren, welch ein Potenzial in diesem Leitwort liegt, wenn es zum täglichen Übungsfeld wird?
Gott suchen und finden in jedem Menschen, Gott suchen und finden in der Blume, die auf meinem Schreibtisch blüht, in der Lampe, die mir an diesem trüben Septembertag Licht spendet, im Eichenholz, das mein Schreibtisch wurde, im Geräusch der Straße, das an mein Ohr dringt, im Computer, der mich mit der Welt vernetzt, im Schluck Wasser, das ich trinke, und im Sandwich, das ich esse!
Welch eine Einladung zur Heiligung des Alltags liegt in der Aufforderung, Gott zu suchen und zu finden in allen Dingen. Wir finden ihn in allen Dingen in dem Maße, wie er in uns geboren wird – und je mehr wir ihn in allem finden – umso mehr ereignet sich die Gottesgeburt in uns. Wie würde sich unser Leben verändern, wenn wir jeden Tag in diesem Bewusstsein verbringen würden?

Meditative Übung

Beginne und beende jeden Tag mit dem *großen JA*

Für unser spirituelles Wachstum ist die Art, wie wir den Tag beginnen und beenden, von großer Bedeutung. Eine sehr wirkungsvolle Übung gleich nach dem Aufwachen ist das Aktivieren der Bereitschaft, diesen Tag als Gabe und Aufgabe anzunehmen im *großen JA*.

Wir stellen uns ein auf den Tag und lassen die Aktivitäten, die wir vorhaben, in uns lebendig werden. Und dann sprechen wir das *große JA*. Ja zu den Menschen, denen wir begegnen werden – Ja zu den Aufgaben, die auf uns warten – Ja zu allem Unvorhergesehenen und Unerwarteten.

Das *große JA,* schon vor dem Aufstehen gesprochen, ist wie eine Umarmung des beginnenden Tages in unserem Herzen. Das *große JA* bereitet den Boden, um Gott in allen Dingen zu suchen und zu finden.

Wer regelmäßig morgens und abends seine Kräfte ausrichtet, beginnt plötzlich von innen her zu verstehen, wie sich die drei Glieder des ersten Gebotes – die Gottesliebe, Nächstenliebe und Selbstliebe – überall berühren. Überall sind wir im trinitarischen Geheimnis. Wenn wir Geduld mit uns selbst üben, wenn wir Großmut mit unseren Mitmenschen üben, wenn wir unseren Mitgeschöpfen, den Tieren und Pflanzen, mit Respekt begegnen – überall begegnen wir Gott.

Und die Erkenntnis wächst, dass wir Menschen eine besondere Aufgabe haben beim Aufbau von Gottes werdendem Leib in seiner Schöpfung, dem mystischen Leib Christi.

Ebenso wichtig, wie wir den Tag beginnen, ist es, wie wir den Tag beenden. Die täglich vor dem Einschlafen gestellte Frage: »Wie habe ich heute dem Leben und der Liebe gedient«, weckt und stärkt unsere Fähigkeit, von Herzen um Verzeihung zu bitten, wenn wir unseren Mitmenschen und Mitgeschöpfen Schmerz zufügten.
Das innerlich oder laut gesprochene Wort: »Verzeih mir – es tut mir leid« hat heilende Wirkung – auf uns selbst und auf unsere Umgebung.
Spirituelles Leben hat mit Üben, und Üben hat mit Wiederholen zu tun. Das täglich gesprochene »es tut mir leid« wirkt wie Dünger in unserem inneren Garten und bringt ihn zum Blühen. Wir werden weich und die Blumen der Dankbarkeit und des Mitgefühls beginnen zu wachsen, ohne dass wir uns besonders darum bemühen.
Die regelmäßige Gewissenserforschung am Abend bereitet den Boden für ein noch tieferes und umfassenderes *JA* am anderen Morgen und erlöst uns von Perfektionismus und Selbstgerechtigkeit. Denn wie von selbst stellt sich Verstehen ein gegenüber jenen Menschen, die auch uns Schmerz zugefügt haben.

Die Macht der Gedanken und des Wortes

> *Denke nach, bevor du sprichst*
> *Der Gedanke manifestiert sich im Wort*
> *Das Wort manifestiert sich in der Tat*
> *Die Tat entwickelt sich zur Gewohnheit*
> *Die Gewohnheit gebiert das Schicksal*
> *Darum achte ich sorgfältig auf meine Gedanken*
> *und lasse sie aus Liebe entstehen*
> *aus der Achtung aller Lebewesen.*
>
>   MAHA GHOSANANDA

Naturwissenschaftler und Mystiker stützen die Aussagen des obigen Zitates, in dem von der Macht der Gedanken die Rede ist. Führende Physiker unserer Zeit nähern sich in ihren Forschungen immer mehr dem Ge-

heimnis unserer Existenz. Viele von ihnen spüren, dass sie dadurch an die Grenzen ihrer wissenschaftlichen Methoden und Sprachen gelangen. An diesem Punkt suchen sie das Gespräch mit spirituellen Menschen. An verschiedensten spirituellen Zentren und Universitäten der Welt wird diskutiert, geforscht und im Erfahrungsdialog über die Einheit des Seins gesprochen. Es sind kreative und fruchtbare Gespräche, aus denen immer wieder neue und unerwartete Erkenntnisse emergieren. Bei allen Unterschieden der Sprache, der Methoden und Erfahrungen gibt es immer mehr Bereiche der Übereinstimmung.
Eine besondere Rolle in diesem Suchen spielte David Bohm, von dem man sagt, er vereine in seiner Person den theoretischen Physiker des anstehenden Paradigmenwechsels mit dem Mystiker. Sein Buch über die Natur des Bewusstseins *Wholeness and the Implicate Order* (1980) ist stark geprägt durch seinen intensiven Gedankenaustausch mit dem indischen Weisen Krishnamurti. Nach Bohm stellt sich die uns bekannte Welt als dreidimensionale Welt dar: die Welt des Raumes, der Zeit und der physischen Objekte. Bohm nennt diese Ebene der Wirklichkeit die *explizite Ordnung*. Die Materie der *expliziten Ordnung* hat eine dichte Struktur. Hinter der *expliziten Ordnung* postuliert Bohm eine *implizite Ordnung*. Diese implizite (eingefaltete) Ordnung ist ein Ozean von Energie, der sich laufend entfaltet, wieder einfaltet und neu entfaltet. Hinter der *impliziten Ordnung* verbirgt sich ein noch gewaltigeres Meer von Energien: die *supra-implizite Ordnung*. Die *supra-implizite Ordnung* ist nach Bohm ein nicht vorstellbares Reservoir an Energie und leerem Raum. Dieses Reservoir ist das Informationsfeld des gesamten Universums, dem eine umfassende Intelligenz innewohnt.

Die Menschen hatten in der Vergangenheit Einblick in eine Form der Intelligenz, die das Universum strukturiert hat, und sie haben sie personalisiert und Gott genannt.[35]

Das *Supra-Implizite* ist demnach die jeder Manifestation der phänomenalen Welt zugrunde liegende All-Kraft und Information.
Das *Implizite* ist die erste feinstoffliche Manifestation dieser All-Kraft.
Das *Explizite* ist das verdichtete, für uns sichtbare Endergebnis: die phänomenale Welt.
Jeder Mensch ist also individuell und universal. Jede Individualität entfal-

tet sich aus der Ganzheit und ist eine einmalige Signatur der *supra-impliziten Ordnung*. Diese Einsichten von David Bohm werden bestätigt durch ein Gespräch der beiden Naturwissenschaftler Grichka und Igor Bogtanov, die in den Bereichen der theoretischen Physik und der Astrophysik arbeiten, mit dem christlichen Philosophen Jean Guitton, Professor für Philosophie, ein Schüler von Henri Bergson und Mitglied der Academie Française. Ihr Gespräch kreiste um das Geheimnis des Universums und die Frage nach der Präsenz des Geistes in der Materie.[36]

Immer wieder schlägt mein Herz höher, wenn Menschen mit tiefer spiritueller Erfahrung und Naturwissenschaftler das Gespräch miteinander suchen. Und obwohl es zu den Rahmenbedingungen solcher Gespräche gehört, dass alle Beteiligten im Kontext ihrer Disziplin argumentieren und nicht unkritisch Grenzen überschreiten, wird offensichtlich, dass durch solche Dialoge bei allen Beteiligten Neues emergiert. Es ist Dienst an der Evolution oder – christlich ausgedrückt – es ist Dienst an der Gottesgeburt in uns, wenn wir von ganz verschiedenen Standpunkten her die Frage nach Geheimnis und Sinn unserer Existenz stellen. Suchen wir in diesen Fragen mit offenem Herzen, so entsteht zwischen den Gesprächspartnern ein »neuer Raum«, aus dem neue Erkenntnisse, neues Bewusstsein emergiert. Wie sagt es doch Heinz Pagels so schön: »Ich glaube, das Universum ist eine in einem kosmischen Code abgefasste Nachricht, und der Wissenschaftler hat die Aufgabe, diesen Code zu entschlüsseln.«[37]

Nicht nur der Wissenschaftler hat die Aufgabe, diesen Code zu entschlüsseln. Jeder Mensch, der die Frage nach dem Geheimnis des Universums und seines Lebens stellt, leistet einen Beitrag bei der Entschlüsselung des universellen Codes. In dem Gespräch von Guitton, Krichka und Igor Bogtanov zum Thema: »Gott und die Wissenschaft«, werden die drei wie von selbst und immer tiefer erfasst vom Geheimnis des Menschen im Universum. Bei der Frage der Wissenschaftler, was es bedeute, dass der Mensch nach dem Bilde Gottes geschaffen sei, sagt der Philosoph: »Warum steht geschrieben, dass Gott den Menschen nach seinem Bild geschaffen hat? Ich glaube nicht, dass wir nach dem Bilde Gottes geschaffen sind. Wir sind das Bild Gottes selbst, etwa so, wie die holographische Platte, die das Ganze in jedem Teil enthält, ist jedes menschliche Wesen das Bild der göttlichen Totalität.«

Diese Aussage ist mutig. Dass die Welt ein riesiges Hologramm darstellt, ist heute überall zu hören. Aus holographischer Sicht enthält jedes Teilstück, und sei es noch so klein, das Ganze. Die Aussage: »Jeder Mensch ist ein einmaliger Ausdruck des ganzen Universums«, ist daher heute schon viel weniger aufregend, als noch vor fünfzehn Jahren. Aber die Aussage: »Jeder Mensch ist das Bild der göttlichen Totalität«, lässt den Atem stocken. Was macht diese Erkenntnis mit uns, wenn wir sie zulassen? Und wenn es so ist, dass jeder Mensch ein Ausdruck der göttlichen Totalität ist, welche Konsequenzen hat dies dann für unser Leben? Was bedeutet es, wenn Physiker uns sagen:

Der menschliche Geist spiegelt ein Universum, das den menschlichen Geist spiegelt. Daher kann man nicht einfach sagen, dass Geist und Materie coexistieren; sie existieren durch einander. In gewisser Weise ist das Universum im Begriff, durch uns von sich selbst zu träumen. Der Metarealismus beginnt genau in dem Augenblick, wo der Träumer sich seiner selbst bewusst wird. Wir begegnen hier einer, mit der Heisenbergschen Unschärferelation übereinstimmenden Idee, derzufolge wir die physikalische Welt nicht beobachten, sondern an ihr teilnehmen. Unsere Sinne sind nicht getrennt von dem, was »an sich existiert«, sondern in einem komplexen Rückkoppelungsprozess einbezogen, dessen Wirklichkeit darin besteht, zu erschaffen, was »an sich« ist.[38]

Meister Eckehart sagt das Gleiche viel einfacher:

Wie wunderbar: draußen stehen wie drinnen, begreifen und umgriffen werden, schauen und das Geschaute sein, halten und gehalten werden, das ist das Ziel, wo der Geist in Ruhe verharrt, der lieben Ewigkeit vereint.[39]

Das Hineinwachsen in das Bewusstsein, dass jeder Mensch individuell und universal ist, dass jeder Mensch eine einmalige Signatur des ganzen Universums, wie auch der letzten Wirklichkeit ist, wird unser Leben verändern. Immer tiefer werden wir verstehen: Wir sind Gottes Hände, Gottes Augen, Gottes Stimme, wir sind sein fleischgewordenes Antlitz. Und alles, was wir denken, fühlen und tun, hat Auswirkungen auf das Ganze. Bevor wir uns auf mögliche Konsequenzen dieses in der Naturwissenschaft auftauchenden Bildes über die Natur des Menschen einlassen, wollen wir noch einige Stimmen aus der christlichen Mystik hören, die um das gleiche Geheimnis kreisen.

Der deutsche Mystiker Heinrich Seuse sagt uns:

Der Mensch kann in dieser Erdenzeit dahinkommen, dass er sich als eins begreift in dem, das da ist das Nichts aller Dinge, die man verstehen oder benennen kann. Und dieses Nichts nennt man allgemein Gott, und das ist an sich selbst ein allerwesenhaftes Sein. Und hier begreift sich der Mensch als Eins mit diesem Nichts.[40]
Ein gelassener Mensch sollte alle seine Seelenkräfte so zähmen, dass, wenn er in sich hineinschaut, sich ihm da das All zeigt.[41]

Ähnliches lesen wir bei Meister Eckehart:

Es ist eine Kraft in der Seele, die ist weiter als diese ganze Welt. Es muss gar weit sein, worin Gott wohnt.[42]

Und schließlich bringt es Sôsan, der dritte Zenpatriarch, auf einen Punkt, wenn er sagt:

Eins ist Alles, Alles ist Eins.[43]

Eine Konsequenz dieses neuen Selbstverständnisses ist, dass jeder Mensch nicht nur die ganze Schöpfung und die ganze Evolutionsgeschichte in sich trägt, der Mensch trägt auch alle Möglichkeiten der Zukunft in sich. Denn das Quantenvakuum reagiert auf unsere Gedanken, Gefühle und Taten. Der Physiker David Bohm sagt erschüttert: »Die Ewigkeit kann durch die Zeit beeinflusst werden.«
Und Ervin Laszlo, der renommierte Physiker und Bewusstseinsforscher, dessen Werke um die Wechselwirkung von Materie und Bewusstsein kreisen, schreibt in seinem Buch *Kosmische Kreativität* zur Wirkung des menschlichen Denkens auf das Quantenfeld:

In dem neuen Paradigma ist unser Gehirn nicht nur ein Fenster zum Universum; es erscheint auch als Teil des Organismus und daher als Informationssender in das Universum hinein.

Durch die subtilen Wellenvorgänge im Quantenfeld vermittelt, fließt die Information zwischen dem Gehirn und dem übrigen Universum in beide Richtungen. Gedanken, Bilder, Gefühle und Intuition, die in unser Bewusstsein treten, finden ihre Entsprechung in den elektrochemischen Aktivitäten unserer neuronalen Netzwerke.

Unsere flüchtigsten Gedanken und unbestimmtesten Intuitionen bleiben in verschlüsselter Form im kosmischen Vakuum erhalten. Unter der Voraussetzung des gegenseitigen Austausches von Informationen zwischen menschlichen Gehirnen und der Welt sind die Gedanken und Wahrnehmungen einer Person für ihre Umgebung einschließlich anderer Menschen unmittelbar bedeutsam. Weil nämlich das Gehirn nicht zu trennen vermag, kann der Gehirnzustand eines Individuums innerhalb einer gewissen Variationsbreite von einem anderen gelesen werden.

Dies bedingt eine neue Dimension der Verantwortlichkeit menschlicher Wesen: Was wir denken und fühlen, kann unsere Mitwesen beeinflussen, und zwar nicht nur diejenigen, die uns hier und jetzt nahestehen, sondern auch diejenigen an entfernten Orten und in kommenden Generationen.[44]

Es wird deutlich: Was wir denken und fühlen beeinflusst unsere Mitwesen. Und zwar nicht nur diejenigen, die jetzt hier sind, sondern auch diejenigen an entfernten Orten und in kommenden Generationen.

Wenn wir als Priesterinnen und Priester der kosmischen Wandlung dem großen Übergang dienen wollen, in dem sich Erde und Menschheit befinden, werden wir alles tun, um in diese Verantwortung hineinzuwachsen.

Jeder Mensch ist eine kosmische Antenne

Heiligung des Alltags bedeutet nichts weniger, als die Bereitschaft, täglich mehr in diese Verheißung hineinzuwachsen. Alles, was wir denken, fühlen und tun, hat Wirkung. Nicht nur auf die Gegenwart, sondern auch in die Zukunft. Unser Gehirn ist als Teil des Universums ein Informationssender in das Universum hinein. Unsere flüchtigsten Gedanken und unbestimmtesten Intuitionen bleiben in verschlüsselter Form im kosmischen Vakuum erhalten, sagen uns die Physiker.

Nach meiner Erfahrung braucht es Zeit, bis sich solch aufregende Gedanken in unser Bewusstsein inkarnieren. Nur weil wir beim Lesen solcher

Aussagen den Eindruck haben, ein Urwissen würde in uns aktiviert, heißt dies noch nicht, dass solche Erkenntnisse schon unseren Alltag beeinflussen. Dazu braucht es von Zeit zu Zeit eine klar ausgesprochene Intention und Absichtserklärung. Jeder Mensch ist wie eine kosmische Antenne. Je klarer wir senden, umso klarer empfangen wir. Je diffuser, zögernder und ambivalenter wir senden, umso diffuser reagiert das kosmische Feld nach dem Gesetz der kosmischen Resonanz und Entsprechung.

Wenn wir am Morgen beim Aufstehen das *große Ja* aus ganzem Herzen sprechen, leitet uns diese Umarmung des anbrechenden Tages durch den Tag. Die deklarierte Absicht, dem Leben und der Liebe zu dienen, wirkt als Antenne in den Kosmos und zieht all jene Entsprechungen und Koinzidenzen an, die uns jetzt auf unserem Weg bestärken, unterstützen und ermutigen. Manchmal staune ich oder lache voller Dankbarkeit, wenn ich im Supermarkt in der Reihe vor der Kasse stehe und plötzlich spüre, wie sich mein Geist konzentriert im Bewusstsein, dass »das ganze Universum Gottes werdender Leib« ist und dass alles, was ich heute denke, spreche und tue, Wirkung hat. Und dies passiert, ohne dass ich mich bewusst auf das Thema eingelassen habe. Mit meinem Ich-Bewusstsein war ich beim Suchen der Kreditkarte, um zu bezahlen. Wenn solche Impulse von selbst aufsteigen, mitten im komplexen Alltag, dann weiß ich: Die Ausrichtung der Kräfte am Morgen, das *große Ja* inkarniert sich in mir. Die Samen habe ich bewusst zu säen, wachsen und blühen tun sie von selbst.

Auch bezüglich unseres Denkens und Sprechens braucht es Zeit, bis wir im Alltag im konstanten Bewusstsein leben: Alles, was ich heute denke und sage, hat Wirkung. Alle unsere Organe und Zellen reagieren auf unsere Gedanken und auf unser Sprechen. Wenn wir in diesem Bewusstsein leben, wandelt sich wie von selbst unsere Sprache. Sie wird achtsam und konzentriert. Unsere Worte sind Energieträger, die andere Menschen in ihrem Kern berühren und dadurch ihr Eigenes wecken. Unsere Worte öffnen Räume und werden immer mehr lebensspendend, wirklichkeitzeugend und schöpferisch. Und wir erfahren:

- Die Macht des Denkens ist dem Menschen geschenkt.
- Zur Macht des Wortes ist der Mensch erwacht.
- Zur teil-seienden Macht des göttlichen Logos ist der Mensch berufen.

In solchen Momenten kann ein Gebet an Maria, diese große kosmische Kraft, in uns aufsteigen: »Maria, Leitbild des neuen Menschen, lass unser Denken und Sprechen, im Ur-Einen gegründet, zum Segen werden.«[45]

Die Heilung des Alltags wird durch die Ausrichtung unserer Kräfte zur Quelle der Freude für uns selbst und für alle Wesen, die mit uns verbunden sind.

Lebe aus dem Gemach der Fülle

Immer, wenn ich morgens mit sehr klaren, für mein Ich-Bewusstsein völlig neuen Impulsen erwache, staune ich über das, was nachts passiert: In welchen Tiefen des Kosmos und der Lichtreiche bewegt sich nachts unsere Seele? Mit welchen Feldern kommuniziert sie? Welche Lichtkräfte speisen uns mit Information?
Am 25. Juli 2003 bekam ich gegen Morgen folgende Impulse:

Das Universal-Kosmische vollendet sich im Individuell-Personalen

Nimm dankend an die Bilder, die zur Erlösung und Heilung deiner Geschichte aus deinem Unbewussten aufsteigen.
Heiße sie willkommen! Öffne dich ihrer Botschaft.
Spüre alle Facetten, die fehlten zur Vollkommenheit, das heißt, spüre alle Facetten, die fehlten zur vollkommenen Liebe.
Lass zu den Schmerz, den du anderen und dir selbst dadurch zugefügt hast.
Und dann umarme! Umarme den Schmerz der Menschen, die durch dich gelitten haben – und umarme den Schmerz deiner Seele. Umarme das Bewusstsein des Mangels in dir und lege es ins Herz der Mutter der Barmherzigkeit.
Maria!
In ihrer Weihe werdet ihr ermächtigt, die weibliche Barmherzigkeit zu leben.
In ihrer Weihe lernt ihr eure Vergangenheit zu umarmen, euer Bewusstsein des Mangels loszulassen, um aus der Fülle zu leben.
Das Gemach der Fülle ist in jeder Manifestation des Seins.
Entsprechend dem Gesetz: »Das Universal-Kosmische vollendet sich im Individuell-Personalen«, beginnt die Initiation mit deiner eigenen Geschichte. Heiße alle Bilder der Vergangenheit, die in den nächsten Tagen in dir aufsteigen, willkommen. Umarme den Schmerz, den du dir und anderen

zufügtest durch all jene Taten, die geboren wurden aus dem Bewusstsein des Mangels. Und dann realisiere das Gesetz der Entsprechung von Mikro- und Makrokosmos. Verbinde dich mit den Wesenheiten aller Dimensionen, die aus dem Bewusstsein des Mangels, Schmerz und Trennung auslösen. Lege sie alle ins Herz der kosmischen Mutter. So bist du auf dem Weg, das Licht im Dunkeln anzusprechen, die Vergangenheit zu heilen und zu erlösen.

Jedes Mal, wenn mich diese Art der Information durchfließt, erfahre ich ungläubiges Staunen! Das *Gemach der Fülle* ist in jeder Manifestation des Seins. Welch eine Zusage! Werde ich jemals lernen, aus dem Gemach der Fülle zu leben? Werde ich mich lösen können vom Bewusstsein des Mangels, das unseren Alltag prägt? Die Orientierung am Mangel ist ein zentraler Bestandteil der westlichen Kultur. Und das täglich gepriesene Heilmittel für fast alle daraus entstehenden Probleme heißt Wachstum – vor allem Wirtschaftswachstum.

In einem faszinierenden Artikel schrieb der Journalist Hanspeter Guggenbühl[46] was geschehen würde, wenn das Bruttoinlandsprodukt der Schweiz jährlich um genau jene 3% wachsen würde, die die meisten Schweizer PolitikerInnen verlangen. Die Produktion unserer Güter wäre in 94 Jahren 16-mal so hoch wie heute. Studien zeigen, so Guggenbühl, dass ökologisch gesehen unser Land seine Grenzen schon längst gesprengt hat. Die Schweiz verbraucht fünfmal mehr »Umweltraum«, als ihr innerhalb der Landesgrenzen zur Verfügung steht. Konkret bedeutet dies: Wollten alle Volkswirtschaften auf das Niveau der Schweiz wachsen, so bräuchte es fünf Planeten. Wir haben aber nur diese eine Erde und sie ist bereits geplündert durch den Raubbau an Böden und Urwäldern, die Überfischung der Meere, den Verlust an Tier- und Pflanzenarten, sowie die Anreicherung von CO_2 und anderen Klimagasen in der Atmosphäre. Die prägnante Darstellung der Grenzen des materiellen Wachstums von Guggenbühl hat mich wie so oft zu den Fragen gebracht: Wann erkennen wir von innen her, dass der in uns wirkende Drang nach Übersteigen des Status Quo nicht mit materiellen Gütern gesättigt werden kann? Wann beginnen wir zu spüren, dass materieller Reichtum allein nicht glücklich macht? Wie wächst in uns die Lust, immer mehr unser menschliches Potenzial zu entfalten? Wann lernen wir aus dem *Gemach der Fülle* zu leben? Jedes Mal, wenn ich mich in solchen Gedanken bewege, steigt irgendwann Teilhard de Chardins »Sinn für die Fülle« in mir auf. Teilhard war überzeugt, dass er in der Materie den Drang nach »Mehr-Sein« entdeckt hat, von dem schon Thomas von Aquin gesprochen hat: »Alles erstrebt Gott, indem es seine eigene Vollkommenheit erstrebt.«[47] War es der in mir erwachende Sinn für die Fülle, der mich nachts mit der Botschaft, »Das Gemach der Fülle ist in jeder Manifestation des Seins«, überraschte? Und wieder die Fragen: Aus welchen Tiefen des Kosmos erhalten wir solche Informationen? Und was können wir tun, um das Bewusstsein des Mangels loszulassen?

Bis jetzt habe ich vier innere Haltungen gefunden, die mir helfen, das Erwachen des »Sinnes für die Fülle« zu unterstützen:

- Zulassen der Größe der menschlichen Berufung,
- Vertrauen,
- Dankbarkeit,
- Freude.

Die Größe der menschlichen Berufung

Der indische Weise Vivekananda umschreibt die Berufung des Menschen im Kosmos mit folgenden Worten:

Wisst ihr, wie viel Macht, Kraft und Größe in euch verborgen liegt?
Millionen von Jahren sind vergangen, seit der Mensch auf diesem Planeten erschien, und doch hat er erst einen unendlich kleinen Teil seiner wirklichen Macht zur Offenbarung gebracht.
Wer den Menschen klein und schwach wähnt, irrt! Kennst du schon alles, was in dir steckt? In dir ist der Ozean unbegrenzter Kraft und Glückseligkeit; in dir lebt der Weltengeist, dessen inneres Wort das einzige ist, auf das du horchen und dem du gehorchen solltest.
Erkenne, wer du in Wirklichkeit bist: Die geburtlose, keinem Tode unterworfene, allwissende, unvergängliche Seele! Erinnere dich dieser Wahrheit Tag und Nacht, bis sie ein lebendiger Bestandteil Deines Wesens und Lebens geworden ist und dein Denken und Tun bestimmt, verwandelt, vergöttlicht!
Denke daran, dass du der Ewige selbst bist – nicht der schlafende Alltagsmensch. Erwache und erhebe dich, ewiger Mensch, und offenbare deine göttliche Natur.

Die Akzeptanz der Größe, zu der wir Menschen berufen sind, ist der erste Schritt, um aus dem *Gemach der Fülle* zu leben.

Vertrauen

Am 3. Januar 2004 erwachte ich nachts mit jenem Herzklopfen, das mein Signal ist, dass ich Informationen über »inspiriertes Schreiben« empfangen soll. Die Botschaft hieß:

Vertrauen ist der Schlüssel zum Wachstum.
Vertrauen ist die Grundlage zum Aufstieg ins Licht.
Vertraue deinem Körper.
Vertraue deinen Organen und übe täglich die Kommunikation mit deinen Organen und Zellen.
Gib ihnen Weisung und bitte um Weisung.
Freue dich über die dadurch wachsende Kooperation.
Freue dich über die neue Verbindung zwischen deinem Herzen und deinem Gehirn.
Diene dieser Hochzeit in deinem Körper – es ist Dienst an der Menschheit und es ist Dienst am Planeten Erde.
Die Menschheit ist sowohl das Gehirn – wie auch das Herz des Planeten Erde.
Aber, noch ist das Herz des Planeten unerwacht.
Alpha und Omega im Herzen vereint IST Erwachen.

Das tägliche Einüben von Vertrauen ist der zweite Schritt, um aus dem *Gemach der Fülle* zu leben.

Dankbarkeit und Freude

Der dritte und vierte Schlüssel, um das *Gemach der Fülle* zu öffnen, sind Dankbarkeit und Freude. Ernesto Cardenal, der lateinamerikanische Troubadur Gottes, hat den Psalm 150 unter schwierigen Verhältnissen in eine Sprache der heutigen Zeit übersetzt. Seine Interpretation ist für mich wie eine Botschaft aus dem *Gemach der Fülle*, das in jeder Manifestation des Seins west:

Lobet den Herrn des Kosmos
Das Weltall ist sein Heiligtum
Mit einem Radius von hunderttausend Millionen Lichtjahren
Lobt ihn den Herrn der Sterne
und der interstellaren Räume
Lobt ihn den Herrn der Milchstraßen
und der Räume zwischen den Milchstraßen

Lobt ihn den Herrn der Atome
und der Vakuen zwischen den Atomen
Lobt ihn mit Geigen, mit Flöten und Saxophon
Lobt ihn mit Klarinetten und Englisch Horn
mit Waldhörnern und Posaunen
mit Flügelhörnern und Trompeten

Lobt ihn mit Bratschen und Violoncelli
mit Klavieren und Pianolen
Lobt ihn mit Blues und Jazz
und Sinfonieorchestern
mit den Spirituals der Neger
und der Fünften von Beethoven
mit Gitarren und Xylophonen

Lobt ihn mit Plattenspielern und Tonbändern
Alles was atmet lobe den Herrn
jede lebendige Zelle
Halleluja.

Ernesto Cardenal

Vertrauen, Dankbarkeit, Freude und die Bereitschaft, die Größe der menschlichen Berufung anzunehmen, bereiten uns, die Fülle von innen her zu verkosten. Dies ist die lebendige Quelle zur Heiligung des Alltags. Der folgende Text aus einem Gottesdienst von schwedischen Frauen kann uns helfen, den Übergang vom Bewusstsein des Mangels zum Bewusstsein der Fülle zu vollziehen und uns selbst täglich dabei zu ermächtigen und zu stärken.

Meditative Übung

Ein umgekehrtes Schuldbekenntnis

Gott, ich bekenne vor Dir,
dass ich keinen Glauben an meine eigenen Möglichkeiten
   gehabt habe,
dass ich mich selbst nicht gleich viel geliebt habe wie die
   andern,
nicht meinen Körper, nicht mein Aussehen, nicht meine Talente,
nicht meine eigene Art zu sein.
Ich habe andere mein Leben steuern lassen.
Ich habe mehr auf das Urteil anderer vertraut als auf mein
   eigenes.

Ich bekenne,
dass ich mich nicht im Maße meiner vollen Fähigkeiten
   entwickelt habe,
dass ich feig gewesen bin, um in einer gerechten Sache Streit
   zu wagen,
dass ich mich gewunden habe, um Auseinandersetzungen
   zu vermeiden.

Ich bekenne,
dass ich nicht gewagt habe zu zeigen, was ich alles kann,
nicht gewagt habe, meine Fähigkeiten zu leben.
Gott, unser Vater und Schöpfer,
Jesus, unser Bruder und Erlöser,
Geist, unsere Mutter und Trösterin,
vergib mit den Zweifel an mir selbst,
richte mich auf,
gib mir Glauben an mich selbst und Liebe zu mir selbst.

Mein Leib –
Tempel des Heiligen Geistes

> *Wisst ihr nicht, dass euer Leib ein Tempel des Heiligen Geistes ist? ... Verherrlicht also Gott in eurem Leib.*
>
> 1 KORINTHER 6,19–20

- Was bedeutet die Aussage des Apostels Paulus, »unser Körper ist ein Tempel des Heiligen Geistes«, für unsere Zeit?
- Was wären die Konsequenzen, wenn wir uns täglich auf diese Verheißung einlassen würden?
- Was ist gemeint mit der Aufforderung: »Verherrlicht Gott in eurem Leib«?

In den folgenden Abschnitten wollen wir dem großen Entwicklungspotenzial, das in diesen paulinischen Aussagen verborgen liegt, nachspüren. Die meisten Christinnen und Christen wurden in ihrer religiösen Sozialisation nie ermuntert oder angeleitet, ihren Leib als »Tempel des Heiligen Geistes« wahrzunehmen. Im Gegenteil. Der Leib, als Gefäß der Begierde und Triebe, wurde als gefährlich dargestellt. Vor allem die Sexualität musste durch eine Askese der Unterdrückung und Verdrängung gezügelt werden. Für viele Menschen war das sechste Gebot »Du sollst nicht Unkeuschheit treiben« und die damit verbundenen »Todsünden« ein Alptraum.

Es ist an der Zeit, einen neuen Zugang zu Geschlechtlichkeit und Sexualität zu bekommen. Es ist an der Zeit, miteinander Wege der Entfaltung und Integration dieser starken Kraft zu suchen. Nicht Verbote sind dabei hilfreich, sondern die Zusage: Mein Leib ist Tempel des Heiligen Geistes – und meine Sexualität ist eine heilige Schöpferkraft.

Der erste Schritt auf dem Weg von einer Askese der Unterdrückung zu einer Askese der Entfaltung im Bereich der Geschlechtlichkeit und Sexualität ist die Einsicht, dass die Sexualität ein heiliges Feuer ist, das der aufmerksamen Zuwendung bedarf, soll es uns nicht verbrennen.

Die folgenden Ausführungen wollen helfen, diese elementare Kraft als Gabe und Auf-Gabe anzunehmen. Anhand meiner persönlichen Auseinandersetzung möchte ich Sie, liebe Leserinnen und Leser, ermutigen, sich mit Freude und Abenteuergeist auf das »heilige Feuer« in ihrem Leben einzulassen.

Schöpferkraft Sexualität

Sexualität im Wandel

Bisher haben wir uns intensiv mit dem großen Übergang befasst, in dem sich die Menschheit und der Planet Erde befinden. Wir haben gesehen, dass es schon immer in der Geschichte der Evolution so genannte »evolutive Sprünge« gab, Zeiten, in denen sich die Symptome, die auf notwendige Veränderungen hinweisen, verdichten.

Neue Fragen entstehen, die nach neuen Antworten rufen. Die Lebensentwürfe, die vorher sinnstiftend und richtungsweisend wirkten, werden plötzlich bedeutungslos. Die Kommunikationsformen, die bisher die privaten und gesellschaftlichen Beziehungen prägten, werden als einengend erlebt. Sehnsucht nach mehr Weite, Freiheit, neuen Beziehungsformen und neuen Strukturen sind in Zeiten der evolutiven Sprünge überall spürbar. Das alles sind Symptome eines anstehenden »Wertewandels«.

Teilhard de Chardin, der sich intensiv mit der Zeit auseinandersetzte, in der die Menschheit zum ersten Mal zu ahnen beginnt, dass sie zu einem einheitlichen Organismus zusammenwächst, hat vorausgespürt, dass der durch die Globalisierung stattfindende Transformationsprozess und Wertewandel auch unseren Körper und unsere Sexualität betrifft.

Teilhard de Chardin war in vielerlei Hinsicht ein begnadeter Mensch. Am meisten berührt mich bei seinen Schriften sein »organismisches Welterleben«. Dass alles mit allem zusammenhängt, dass alles auf alles wirkt, dass alles in jedem Teil enthalten ist, war für ihn mehr als nur intellektuelle Einsicht. Er scheint aus der Mitte seines Personseins die Erde, den Kosmos und die Menschheit als Organismus wahrgenommen zu haben. Er scheint das Entwicklungspotenzial und das Transformationsvermögen der Materie, vor allem aber des menschlichen Körpers von innen her gespürt zu haben. Als Paläontologe, der sich mit der Entstehung des Menschen auseinandersetzte, sah er in seinen Forschungen die verschiedenen aufeinanderfolgenden Menschentypen, welche die Evolution hervorgebracht hatte – von der Herausbildung der ersten Anthropoiden bis zum Homo-Sapiens. Er sah aber nicht nur die sich je neu verändernde Gestalt des Menschen bis in unsere Zeit – er spürte vor allem das Potenzial der Transformation des Menschen in der Zeit der Planetisation! Also in unserer Zeit!

Einen wichtigen Aspekt dieser Weiterentwicklung des Menschen sah er in der »Umpolung des geschlechtlichen Sinnes«, in der Verlagerung der geschlechtlichen Anziehung. Eindrücklich beschreibt er, weshalb das primäre Ziel der geschlechtlichen Anziehung bis in unsere Zeit hinein die Arterhaltung war. Das menschliche Leben, von so vielen Gefahren bedroht, durfte auf diesem Planeten nicht mehr untergehen. Daher war im Christentum, aber auch in vielen anderen Religionen und Kulturen, der sittliche Kodex auf das Kind fokussiert. Mit anderen Worten: Der erste Zweck der Ehe war die Fortpflanzung. So wurde zum Beispiel im Krankheitsfalle während einer Schwangerschaft dem Leben des Kindes vor dem Leben der Mutter Vorrang gegeben. Nach Teilhard war die Priorität der Arterhaltung während langer Phasen der Evolution nicht nur berechtigt, sondern notwendig.

Aber, wie ist dies heute? Unser Planet ist nicht nur voll von Menschen – wir sind schon mitten in der Phase der Überbevölkerung. Teilhard sah diese Entwicklung voraus. Und genau an diesem Schnittpunkt der Evolution spürte er einen Wertewandel auf uns zukommen, wie er schon so oft in der Evolution stattgefunden hat.

Die Umpolung des geschlechtlichen Sinnes

Für Teilhard war es evident, dass sich in der Zeit der Überbevölkerung die geschlechtliche Anziehung partiell verändern wird und dass diese Veränderung die Grundlage für das Erwachen des Menschen zum *kosmischen Bewusstsein* ist.

Nicht mehr die Arterhaltung wird nach dieser Umpolung das wichtigste Ziel der geschlechtlichen Anziehung sein, sondern die Entfaltung des menschlichen Potenzials durch die gegenseitige Ergänzung von Mann und Frau:

Für die Menschen der Zukunft wird es nicht mehr darum gehen, ihre Geburten zu kontrollieren, vielmehr kommt es darauf an, der von der Quantität der Fortpflanzung befreiten Liebe ihre volle Entfaltung zu geben.[48]

Die volle Entfaltung sieht Teilhard in einer partiellen Verlagerung der Anziehung von der genitalen Ebene zu einer neuen Anziehung auf der Herzebene.

Er sah voraus, dass diese Umpolung mit vielen Unsicherheiten, Schmerzen und teilweisem Identitätsverlust verbunden ist. Dies vor allem deshalb, weil Energien und Kräfte, die während über zwei Millionen Jahren vorwiegend im Dienste der Arterhaltung gebraucht wurden, neu kanalisiert und ausgerichtet werden müssen. Wichtige, heute überall sichtbare Anzeichen der sich langsam entfaltenden neuen Identität der Geschlechter sind die weltweiten Bestrebungen zur Emanzipation der Frau und – im Gefolge dieser Bestrebungen – das Suchen nach einer neuen Geschlechtsidentität des Mannes. Der Ausbruch der Frau aus der Familie, ihre Versuche, Mutterschaft und Berufsarbeit gleichzeitig zu bewältigen, die zunehmenden Bildungsmöglichkeiten der Frau und damit verbunden die bewusste Entscheidung vieler Frauen, als Single zu leben, sind weitere äußere Anzeichen dieses Gestaltwandels.

In meiner Arbeit als Meditationslehrerin begegne ich vielen Menschen, die mir von Schwierigkeiten in ihrer Paarbeziehung, die auf die genannte Umpolung hinweisen, erzählen. So kann die vorher so stimmige sexuelle Begegnung plötzlich nicht mehr befriedigen. Dies löst Angst aus. Liebe ich ihn/sie nicht mehr so wie früher? Und fast immer erwachen Erleichterung und neuer Mut, wenn diesen Paaren gezeigt wird, dass die Krise

möglicherweise ein Signal ist, dass die alten Begegnungsformen nicht mehr genügen, um die erwachenden Bedürfnisse des Herzens zu stillen.
Trotz dieser Erleichterung und der Sehnsucht, eine neue Nähe und neue Formen der Begegnung auf der Ebene des Herzens zu leben, heißt dies nicht, dass die Paare sofort wissen, wie man das macht. Die allermeisten Paare haben ja nie gelernt, sich ihre tiefsten Sehnsüchte und Gefühle mitzuteilen. Vor allem aber sind die meisten Paare sprachlos, wenn es darum geht, ihre spirituellen Erfahrungen und Sehnsüchte auszudrücken.
Im Folgenden möchte ich Hilfen bieten, wie wir uns dieser Umpolung bewusst werden und wie wir diesen Gestaltwandel unterstützen können.

Psychosexuelle Entwicklung und der Prozess der Menschwerdung

Ich war zwanzig Jahre alt, als ich zum ersten Mal ein Modell zur psychosexuellen Entwicklung kennen lernte. Die vier Stufen: Sexus, Eros, Amor, Agape, waren für mich so einleuchtend, dass ich in den großen Linien dieser Darstellung bis heute sinnvolle Deutung und daher Orientierung finde.

Stufen der psychosexuellen Entwicklung auf dem Weg der Menschwerdung

Wenn ich im Folgenden assoziativ die vier Stufen im Blick auf die heutige Zeit reflektiere, mag das eine Hilfe sein, Ihre eigenen Impulse zu diesem Thema aufsteigen zu lassen und wahrzunehmen. Um die Schöpferkraft Sexualität bewusst so zu gestalten, dass sie zum nährenden Feuer der Nächsten-, Gottes- und Selbstliebe werden kann, ist das achtsame Wahrnehmen dieser starken Kraft in uns die Voraussetzung.

Sexus
Die Stufe des Sexus wird gekennzeichnet durch die anonyme, magische Anziehung der Geschlechter, ohne Sehnsucht nach Begegnung mit einem Du! Die Partner sind auswechselbar. Ziel der körperlichen Vereinigung ist Lust und Entspannung.

Als junge Sozialpädagogin arbeitete ich ein Jahr lang in einer Gruppe mit vierzehn jungen Männern zwischen fünfzehn und zweiundzwanzig Jahren. Junge Männer, die wegen aggressiver Handlungen in ein Heim zur Resozialisierung eingewiesen wurden. Ich habe viel von diesen jungen Männern gelernt über das Aufbrechen der Sexualität im Körper, ohne die Möglichkeit darüber zu sprechen, ohne irgendeine Form der Orientierung und Ausrichtung der Kräfte.

Ich sah sie, wie sie am Samstagabend in den wöchentlichen Ausgang gingen mit der lauthals und prahlerisch verkündeten Absicht, verschiedene Mädchen »aufzureißen«. Und ich sah sie, wenn sie gegen Morgen nach Hause kamen. Noch heute bin ich ihnen dankbar über den mir gewährten Einblick in die Zusammenhänge von verdrängter Sexualität, Aggression und Gewalt – aber ebenso über den Ekel und den Verlust an Selbstwert, wenn sie ihre Sexualität ohne Würde und in egozentrischer Vereinnahmung gelebt hatten.

Die meisten von ihnen hatten eine belastete und schwierige Kindheit. Keiner von ihnen war auf das Erwachen der Sexualität vorbereitet worden. Entsprechend roh geschah bei den meisten die erste Begegnung mit dem anderen Geschlecht. Und entsprechend roh waren die Prahlereien untereinander nach einem Ausgang, in dem es möglich war, »drei Weiber an einem Abend aufzureißen«.

Und doch war da eine für sie schwer artikulierbare Sehnsucht spürbar. Als Markus nach einem bezüglich »aufreißen« erfolgreichen Ausgang zu Hause erbrach – und sich deutlich herausstellte, dass dieses Erbrechen nichts mit verdorbenem Magen zu tun hatte, wurden meine inneren Fragen an die Kirchen und Religionen immer drängender.

- Wo entwickelten die Hüter der Moral Wege zur Integration der sexuellen Kraft?
- Wo lernten junge Menschen, diese im Körper mit Vehemenz erwachende Kraft zu begrüßen und willkommen zu heißen?
- Wo hörten sie, dass diese Kraft heilig und gottgewollt ist?
- Wo hörten sie etwas von einer Kultur der sexuellen Begegnung?

Da mich die verschiedenen Priester, die ich um Rat fragte, entsetzt anschauten oder hilflos schwiegen, begann ich mich selbst zu informieren. Ich erinnere mich gut an die Reaktionen der jungen Männer, als ich den ersten Gruppenabend zum Thema »Liebe und Sexualität« am Infobrett ankündigte. Ungläubiges Gelächter und beißender Spott charakterisierten unsere ersten Treffen. Aber dann bekam ich heimlich kleine Zettel zugesteckt, mit holprigen und gleichzeitig erfrischend ehrlichen Fragen:

- Was kann ich tun, damit ich keinen Steifen bekomme, wenn unsere Praktikantin Miniröcke trägt?
- Wie macht man es, dass beide etwas davon haben?
- Sie wurde schwanger – ich will kein Kind, denn ich kann sie eigentlich gar nicht ausstehen. Was soll ich jetzt tun?

Die jungen Männer zeigten mir im Laufe der Monate ihr wachsendes Vertrauen, indem sie mich immer selbstverständlicher an ihrer Not und an ihren Unsicherheiten teilnehmen ließen. Und sie forderten mich heraus zu verstehen, dass die Zeit der Verbote endgültig vorbei ist.
Wenn die Sexualität im Körper erwacht, haben junge Menschen das Recht auf Unterweisung, auf die Hinführung zum liebevollen Umgang mit ihrer Schöpferkraft.
Bevor wir uns in unserer Gruppe einmal wöchentlich dem Thema Liebe und Sexualität zuwandten, wurde unter den jungen Männern nur in »schmutziger Zotensprache« darüber gesprochen. Allein schon das Erlernen einer sachlichen Sprache war eine Art der Zuwendung, die Entspannung auslöste.
Natürlich gab es Gelächter, als ich die jungen Männer aufforderte, ihre Schöpferkraft angstfrei und mit Freude zu begrüßen. Aber – sie ließen sich darauf ein. Und im Laufe des Jahres wurden die aggressiv-sexuellen Schimpftiraden bei Frustrationen am Arbeitsplatz oder bei schlechten Noten immer seltener.
Ich habe die Achtundsechzigerjahre als junge Frau miterlebt. Ich habe den Ausbruch aus der Tabuisierung mit Faszination und Dankbarkeit begrüßt. Die Unterdrückung der sexuellen Schöpferkraft, die bis zur Verteuflung ging, konnte so nicht weitergehen.

- Aber, hat die »freie Liebe« der Welt wirklich mehr Erfüllung und Freude gebracht?
- Was bedeutet es, dass für die Werbung von Produkten kontinuierlich der anonyme Sexus im Menschen angesprochen und stimuliert wird?

- Was bedeutet es, dass Kinderpornographie und Sex mit Kleinkindern und Säuglingen zunehmen?

Offensichtlich braucht die Gestaltung der Sexualität eine Kultur, die sehr viel mehr beinhaltet, als dem Durchschnittsmenschen heute zugänglich ist. Wäre es nicht Aufgabe der Religionen, den Menschen in der in ihnen stattfindenden Umpolung beizustehen und mit ihnen gemeinsam den Übergang zu ertasten?

Text zur Besinnung

Ich träume davon,

... dass es in den christlichen Kirchen Frauen und Männer gibt, welche die Kinder und Jugendlichen beim Aufbrechen der sexuellen Kraft, das heißt in der Phase des Sexus, mit Güte, Humor und sachlichen Informationen begleiten.

... dass es in den christlichen Kirchen ausgebildete Frauen und Männer gibt, die den Jugendlichen zeigen, welch Wunderwerk ihr Körper ist.

... dass junge Menschen hören:
Mein Leib ist ein Tempel, in dem Gottes Geist wohnt.

... dass das Aufbrechen der Sexualität begrüßt und gefeiert wird – und dass die Jugendlichen lernen, ihre sexuelle Kraft anzusprechen.

... dass junge Menschen erfahren, welch wichtige Funktion die Schöpferkraft Sexualität von Lebensstufe zu Lebensstufe einnimmt, um den Körper als Tempel zu bereiten.

Eros

Die zweite Stufe der psychosexuellen Entwicklung wird mit Eros umschrieben. Die Stufe des Eros ist gekennzeichnet durch die »projektive Liebe«.

War die Stufe des Sexus vor allem geprägt durch eine anonym-magische Anziehung, auf der die Partner auswechselbar sind – so wird auf der Stufe des Eros der individuelle Mensch zum Zentrum der Anziehung.

Große, uns plötzlich überfallende Verliebtheiten charakterisieren die Stufe des Eros. Starke Gefühle überfallen uns aus heiterem Himmel – und können sich ebenso plötzlich wieder auflösen. Die Stufe des Eros ist die Zeit der großen Sehnsucht, Ekstasen, Schmerzen, Enttäuschungen und Verwirrungen.

Diese Phase wird auch *projektive Liebe* genannt, weil zum Beispiel ein Körpermerkmal, die Art zu gehen, der Ton der Stimme, der Geruch usw. Auslöser für die Projektion eigener, zur Entfaltung drängender Persönlichkeitsanteile werden können. Diese noch unentfalteten Persönlichkeitsanteile lösen meist große Verliebtheit aus. De facto wird aber nicht nur der angebetete Mensch geliebt, sondern die auf ihn übertragenen eigenen seelischen Kräfte und Energien. Wir projizieren jene Bilder, die in uns selbst zur Entfaltung kommen wollen, auf einen Menschen wie ein Abziehbildchen. Früher oder später fällt diese Projektion zusammen und wir erkennen, dass der Mensch, dem wir unser eigenes Seelenbild übergestülpt haben, ganz anders ist, als wir meinten. Nicht selten ist dann auch die Verliebtheit vorbei.

Fünfzehn Jahre meines Lebens habe ich mit »besonders schwierigen Jugendlichen mit großen Persönlichkeitsstörungen« gearbeitet. Nur ein Jahr davon verbrachte ich mit männlichen Jugendlichen. Vierzehn Jahre durfte ich von jungen Frauen, die sich im Übergang vom Kind zum Frausein befanden, lernen. Obwohl diese Arbeit alles andere als einfach war, gehören diese Jahre zu den schönsten meines Lebens. Noch heute habe ich manchmal Sehnsucht, mit dieser besonderen Altersgruppe zusammen zu sein.

Anders als die männlichen Jugendlichen, bei denen der Umgang mit genitaler Erregung ein Hauptthema war, fielen die jungen Mädchen nicht selten von einer Verliebtheit in die andere, mit allen dazugehörenden Höhenflügen und Abstürzen. Wie viele Stunden habe ich beim letzten

Rundgang des Tages durch die Zimmer auf ihren Betten gesessen, ihnen zugehört und mit ihnen gesucht, wie sie sich einem Verehrten, der nichts von ihrer Anziehung zu spüren schien, bemerkbar machen können, oder aber, wie sie sich mit Würde und in Wahrhaftigkeit aus einer zu Ende gehenden Verliebtheit lösen können. »Mein Abziehbildchen hat sich aufgelöst«, war ein gerne gebrauchtes Wort, um allen mitzuteilen, dass eine Verliebtheit gerade zu Ende war. Und Einzelne wünschten sich dann ein Gruppengespräch, in dem wir miteinander suchten, welche unbewussten Seelenanteile Rita wohl auf Andreas projiziert hatte – und wie sie nun diese psychischen Kräfte in sich selbst entfalten könnte.

Diese Abende sind mir unvergesslich. Nicht selten sind »schwierige Jugendliche« besonders intelligent und sensitiv. Die Art und Weise, wie die Gruppe das »Abziehbildchen«, sprich Projektion, einer Kameradin charakterisierte und den armen Andreas, dem das übergestülpt wurde, bedauerte, geschah oftmals in solcher Heiterkeit, Treffsicherheit und so tiefer Intuition dessen, was die Kameradin nun selbst entfalten sollte, dass diejenigen, die noch nie die Zuwendung der Gruppe auf diese Weise erfuhren, sich fast immer wünschten, dass sich bei ihnen auch einmal ein »Abziehbildchen« auflösen würde.

Bei den jungen Frauen sah ich aber auch, welch tiefe Verletzungen in einem Menschen stattfinden, der sexuell als Kind missbraucht wurde – und dann selbst beginnt, die sexuelle Anziehung als Mittel der Rache zu gebrauchen. Am Beispiel meiner Auseinandersetzung mit Iris lässt sich verdeutlichen, was gemeint ist:

Es war an einem wunderbaren Frühlingstag, als mir das Psychologenteam des Therapieheims Sonnenblick mitteilte, ich hätte die Therapie des neu eintretenden Mädchens zu übernehmen.

Um mit Iris bekannt zu werden und sie über das therapeutische Angebot der Institution zu informieren, verabredete ich mit ihr auf den Nachmittag einen Spaziergang. Durch das Lesen der Akten vom Jugendgericht wusste ich, dass die Vierzehnjährige über eine sehr gute Intelligenz und besondere Sprachbegabung verfügte. Eine Sprachbegabung, die es ihr ermöglichte, Sprachlosigkeit bei anderen auszulösen. Ich wusste zudem, dass Iris von ihrem Vater sexuell missbraucht – und dass sie von ihrer Mutter schon ab dem siebten Lebensjahr anderen Männern zur Verfügung gestellt wurde. Trotz dieser Vorkenntnisse wurde ich selbst für einen Moment sprachlos, als sich Iris zu Beginn unseres Spaziergangs vor mich hinstellte, mir herausfordernd in die Augen schaute und sagte: »Ich hörte, du seiest eine Nonne. Stimmt das? Du siehst jedenfalls nicht so aus.«

Als ich ihr bestätigte, dass ich in einer religiösen Gemeinschaft lebe, die den Auftrag habe, die Weihe an Gott mitten in der Welt zu leben – und dass ich tatsächlich jene Gelübde abgelegt habe, die zum Leben einer Nonne gehören, auch wenn ich keinen Schleier trage – da forschten die Augen von Iris noch aufmerksamer in meinem Gesicht. Dann fragte sie: »Hast du schon jemals einer schwarzen Messe beigewohnt? – Hast du schon einmal in einer Nacht sieben Männer nacheinander durchgelassen? – Hast du schon einmal erlebt, wie es ist, wenn ein Mann vor dir auf den Knien winselt?«

Ich schüttelte sprachlos verneinend den Kopf.

»Siehst du, wusste ich es doch«, meinte Iris. »Denkst du nicht, dass ich mehr Lebenserfahrung habe als du? Und du willst mich therapieren«, meinte sie mit einem mitleidigen Lachen.

Als ich mich von meiner Überraschung erholt hatte, schaute ich sie ebenso durchdringend an und sagte: »Ich werde dir deine Fragen beantworten. Zeige du mir aber zuerst, dass du eine halbe Stunde schweigen kannst.« Mit einem Schulterzucken und verwundertem »Logo, kann ich ...«, wanderte Iris in der Folge schweigend neben mir her. Mir war klar, dass Iris mich noch viel radikaler als Mensch testen würde, als dies bei allen »schwierigen Jugendlichen« üblich ist, und dass nur authentische Antworten eine Begegnung möglich machten.

Nach unserem Spaziergang lud ich sie zu einem Kaffee im nahe gelegenen Restaurant ein, um auf ihre Fragen bezüglich meiner mangelnden Lebenserfahrung als ihre Therapeutin einzugehen. Ich sagte: »Nein Iris, diese Art der Lebenserfahrung habe ich nicht. Ich kenne aber Erfahrungen, die mir mehr Macht verleihen als die Macht, die du hattest, als der Mann vor dir auf den Knien winselte. Ich kenne eine Macht, die nicht nur stärker ist als deine, sie macht zudem auch noch glücklicher.«

Ich hatte Iris in der für diese Art von Jugendlichen so wichtigen Mischung von Ernst, Authentizität, spielerischem Humor und Kampfgeist angesprochen und ich merkte an ihrer Reaktion sofort, dass ihr das Thema Macht gefiel und dass sie sich mit mir auf diesen Wettkampf einlassen wollte. Sie schlug mir einen »Deal« vor: Sie brauche keine Therapeutin und sei absolut dagegen, mein »Therapiekind« zu sein. Aber sie sei

bereit, jede Woche anderthalb Stunden mit mir über unsere Erfahrungen im Bereich Sexualität und Macht zu sprechen. Wir könnten dann gemeinsam herausfinden, wer die größere Macht entfaltet habe – die Nonne oder Iris, die wisse, wie man die dunklen Kräfte gebrauche, um die sexuelle Kraft als Machtmittel einzusetzen.
Ich nahm den Deal an.
Der Kontakt mit Iris war wohl die größte Herausforderung an mein Menschsein während der fünfzehn Jahre sozialpädagogischer und therapeutischer Arbeit mit Jugendlichen. Sie hielt die Beziehung zu mir aufrecht, bis zu ihrem Tode an einer Überdosis Opium – neun Jahre nach ihrem Aufenthalt im Therapieheim Sonnenblick. In dieser Zeit würdigte sie mich, an allen großen Krisen ihres Lebens teilzunehmen:

- Sie verwies Polizisten an mich, die sie wegen Zechprellerei belangen wollten, mit der Versicherung, ich würde ihr Mittagessen bezahlen.
- Sie telefonierte, als sie Angst vor den dunklen Kräften bekam, von denen sie sich nicht mehr lösen konnte.
- Sie fragte mich, ob sie wohl eine Nacht im Gemeinschaftshaus des Katharina-Werkes verbringen könne, da ich ja nun die Chefin dieses Clubs sei, und ob die Nonnen wohl ihre »Montur« (sprich Rockerbekleidung) ertragen würden. Und es kamen noch andere, weitere Krisen.

Als mir ihr Tod mitgeteilt wurde mit der Anfrage des Sozialarbeiters, ob ich bereit sei, die Predigt bei ihrer Beerdigung zu halten, bejahte ich sofort. Ich zog mich aus der Arbeit zurück und versuchte Rückblick auf die Geschichte von Iris und mir zu halten und Kontakt mit ihr zu finden. Mit lauter Stimme segnete ich ihren Übergang in die Lichtreiche und bat Maria und die michaelischen Kräfte, ihr beizustehen. Während dieser Zeit konnte ich plötzlich ihre Präsenz spüren. So sprach ich sie direkt an und bat sie um Verzeihung für jede Äußerung meinerseits, die ihrer Situation nicht gerecht geworden war. Und da öffnete sich in meinem Schmerz plötzlich eine Türe meines Herzens. Mir war, als hörte ich ihr spöttisch herausforderndes und doch so herzliches Lachen. »Wie gut, dass du dich entschuldigen musst. Ich habe so viel Mist gebaut in meinem Leben und musste mich so oft entschuldigen. Wie gut, dass auch du dich jetzt bei mir entschuldigst.«

Die Gefahren der »freien Liebe«

Die Gespräche mit Iris haben mir gezeigt, welche Leidenswege Menschen bevorstehen, die schon als Kinder in der Ausrichtung ihrer sexuellen Kraft auf die Phase des Sexus festgelegt werden. Iris konnte sich nicht verlieben, die Stufe des Eros nicht erreichen. Zu stark war die physische, psychische und geistige Konditionierung im Genitalbereich. Zu früh wurde in ihr eine Verknüpfung von Sexualität, Macht und Gewalt ausgelöst.

An Iris erlebte ich in der ausgeprägtesten Form die Symptome abgespaltener Sexualität und die damit verbundenen Persönlichkeitsstörungen und Leiden, wie beispielsweise:

- Zwangsonanie und stundenlange Fixierung im Genitalbereich
- Zwangsphantasien – jeder Mann wird nackt gesehen
- Quälende Phantasien bei Sexüberflutung – jede Blume, jede Gabel am Mittagstisch, jeder Alltagsgegenstand kann zum Sexualsymbol werden
- Angst, kleine Kinder in den Arm zu nehmen, da Tötungsimpulse zum Alltag gehören

Durch Iris habe ich den Sinn, der von mir als junger Frau so oft verurteilten Unterdrückung der Sexualität in kirchlichen Institutionen neu verstanden. Die Vehemenz der Unterdrückung entsprach der Stärke und Kraft, welche die menschliche Sexualität ausmacht.
Ich verstand durch Iris aber auch noch einmal tiefer, dass es nicht genügt, die Menschen von den Tabus im Bereich der Sexualität zu befreien. Die »freie Liebe«, wie sie seit den Achtundsechzigerjahren in vielen Teilen der Welt gelebt wird, ist kein Garant für einen gesunden, erfüllenden Umgang mit der Schöpferkraft Sexualität. Und immer dringender wurde daher mein Wunsch, dass in Schulen und kirchlichen Institutionen das Wissen um die Notwendigkeit der Gestaltung der sexuellen Schöpferkraft wächst.

Amor
Die dritte Stufe der psychosexuellen Entwicklung wird mit Amor umschrieben. Es ist die Begegnung mit dem Partner auf jener Ebene, wo er/sie als Person existiert. Es ist Begegnung mit der Einzigartigkeit des geliebten Menschen.

Text zur Besinnung

Ich träume davon,

... dass es in allen pädagogischen und religiösen Institutionen Frauen und Männer gibt, die den Jugendlichen mit Begeisterung die Wichtigkeit des aufbrechenden Eros erklären und ihnen in den extremen Gefühlsschwankungen durch Deutung und Begleitung beistehen.

... dass es in religiösen Institutionen Menschen gibt, die um die bewusstseins- und persönlichkeitsbildende Kraft der »projektiven Liebe« wissen und den Jugendlichen ermöglichen, den Weg von der projektiven zur reifen Liebe in Achtung und Würde, aber ebenso in spielerischer Leichtigkeit und Freude zu gehen.

... dass in den christlichen Kirchen jene Kraft des Heilens wieder erwacht, welche die Anfänge des Christentums geprägt haben. Dass Priesterinnen und Priester der kosmischen Wandlung in der Seinsmacht des auferstandenen Christus das Licht in aller abgespaltenen und pervertierten Sexualität ansprechen.

... dass die Menschen befähigt werden, sich selbst von allen schwarz-magischen Einflüssen im Bereich der Sexualität zu befreien und zu schützen.

Die dritte Stufe *Amor* wird als Stufe der *reifen Liebe* charakterisiert. Das Paar ist in gegenseitiger Verbundenheit durch die mit dem Zusammenbruch der projektiven Liebe einhergehenden Ent-täuschungen durchgegangen.
In diesem Prozess hat sich die Fähigkeit zur Begegnung von Ent-täuschung zu Ent-täuschung gewandelt. Im Verlauf dieser gegenseitigen Wandlung wird die geschlechtliche Vereinigung tiefer und umfassender

erlebt als in den vorherigen Stufen. Alte Worte aus der Bibel für die sexuelle Vereinigung – »sie erkannten sich« – werden plötzlich zur existenziellen Erfahrung. Sich selbst in der sexuellen Begegnung erkennen und vom geliebten Menschen erkannt werden, erhöht die sexuelle Begegnung auf dieser Stufe zum Fest – und öffnet die Liebenden nicht selten für die numinose Erfahrung. Der folgende Text von Dieter Duhm ist für mich ein Ausdruck der Verbindung von Amor und Agape und wiederum ein Zeichen der überall aufbrechenden Transformation:

Er hatte die Heimat gesehen in der Seele seiner geliebten Gefährtin. Das Geheimnis der Liebe war ihm so nah gekommen, dass er sich unweigerlich der allertiefsten Vorstellung von Treue näherte. Und hier, in dieser Liebe, offenbarte sich ein Traum der Göttin. Es war ein Traum von einer Liebe ohne Bedürfnis, ohne Vorwurf, ohne Vorbehalte, ohne Bedingungen. Die Liebe war eine Tatsache des Weltenstoffs geworden. Dadurch hatte er die entscheidende Einsicht gewonnen: dass es einen Weg ohne Bedingungen gibt, einen bedingungslosen Weg. Es war der Weg der Ewigkeit in der Liebe. Ewigkeit und Liebe waren identisch geworden.

Das Geheimnis hatte sich offenbart. Durch ihn hindurch schien das Licht der Ewigkeit. Er war eine Lichtung geworden.

Der ganz ins Bewusstsein geholte Wille zur Liebe. Nicht mehr das »Du sollst« und »Du sollst nicht«, denn solches Sollen trägt den Verstoß schon in sich, rechnet mit ihm, glaubt an ihn. Es kommt immer noch aus der Angst vor Verurteilung.

Deine neue Affirmation sei nichts weiter als die Akzeptanz. Das Ewige ist immer da, in jeder Person. Die Liebe geht in Personen einher. Die Liebe erreicht dich nicht in den Sternen, wenn du sie nicht in Personen hast. Ein Geschenk ist auf Pilgerschaft und wartet auf dich.

Ganz tief und neu darfst du die Seele lieben, die dir aus deiner anderen Hälfte entgegenschaut. Sie ist ja du, nur in anderem Gewand, so wie sie sich selbst in dir immer deutlicher gefunden hat. Das sei euer größtes Geschenk, dass ihr euch einander schenkt, denn so kehrt ihr zu dem Ursprung zurück, aus dem alle Liebe kommt: zu eurer grenzenlosen wechselseitigen Schönheit und Wahrheit. In dieser Schönheit leuchtet die Ewigkeit. Ihr wurdet Zeugen der ewigen Schönheit. Der Schwur der ewigen Liebe ist diese eine und einzige Affirmation, der Schönheit des Geliebten treu zu bleiben und sich durch keine Verfehlungen mehr von ihr ablenken zu lassen.

Was schaut dich an aus diesen Augen? Was senkt manchmal noch so leicht verschämt den Blick? Was wartet so leise, so gegenwärtig und so nah auf heimliche Erfüllung? Welche Gottheit ist so nah, dass sie sich so zart und beinah unverhüllt schon zeigen kann? Welches Geheimnis steht schon so dicht und leicht vor seiner Offenbarung?
ICH bin eure Liebe.
Was ihr euch Gutes tut, das habt ihr MIR getan.
Ihr seid MEINE Öffnung in die Welt.

In diesem Licht erhellt sich der Raum eurer Arbeit. Möge es funkeln in Tautropfen und Blättern, in Kinderaugen und Weingläsern; möge es zurückstrahlen aus euren Worten, Schriften und Gemälden. Mögen die Ufer eurer Stauseen, die Wege, auf denen ihr geht, die Pensionen, die ihr besucht, die Pinien, unter denen ihr euch liebt, davon erzählen.

Agape (lat. Caritas)
Agape ist Selbsthingabe und Selbsterfüllung in einem. In der Agape klingen Gottes-, Nächsten- und Selbstliebe zusammen.

Agape, dieser vor allem im Christentum gebrauchte Begriff, meint die Erfüllung der Liebe schlechthin.
Im Bereich der *geschlechtlichen Liebe* wird dann von Agape gesprochen, wenn ein Paar ganz bewusst eine Kultur der sexuellen Begegnung einübt, in der es um die innere tiefere Erfahrung der paulinischen Aussage »verherrlicht Gott in Eurem Leib« geht. Der Begriff *Agape* wird aber auch oft gebraucht, um den *Zölibat* zu umschreiben, jene besondere Art der Liebe, in der sich ein Mensch von den Aufgaben der Ehe und Kindererziehung frei hält, um sich der Liebe Christi zum Menschen, zur Menschheit und zur Welt ganz zur Verfügung zu stellen. Trotz mancher innerer Widerstände fühlte und fühle ich mich persönlich von innen her zu dieser Lebensform berufen. Ich erlaube mir, dies etwas auszuführen.

Wie schon erwähnt, lernte ich die Stufen der psychosexuellen Entwicklung mit etwa 20 Jahren kennen. Sie schenkten mir Orientierung in meinem eigenen Suchen und in meiner Arbeit mit Jugendlichen. Aber gerade in meinem eigenen Suchen erfuhr ich, dass »Modelle« immer nur bedingt passen.

Schon als Sechsjährige fühlte ich die Sehnsucht nach dem »Erkannt-Werden«, die in der Stufe des *Amor* umschrieben wird. Die Sehnsucht nach Austausch auf psychisch-geistiger Ebene nahm während Pubertät und Adoleszenz so zu, dass ich mit 20 Jahren meine erste große Liebe verließ – weil es nicht möglich war, mit ihm über Gott und Christus zu reden.

Seit meiner Kindheit wusste ich etwas über die Heiligkeit der Sexualität. Ich wuchs in einer streng katholisch geprägten Familie auf und meine Taufpatin war eine Nonne. Wir hatten eine enge, vertraute Beziehung – und ich genoss ihren Humor und ihre Güte. Trotzdem hatten wir schon ab meinem 12. Lebensjahr viele Streitgespräche. Ich widersprach ihr stundenlang, wenn sie mir zu erklären versuchte, dass all jene, die zölibatär lebten, sich im »Stand der Vollkommenheit« befinden würden, da sie Gott direkt, die Ehepaare Gott aber nur indirekt, sprich über einen Partner lieben würden. Woher kam diese innere Gewissheit, die so heftigen Widerspruch in mir auslöste? Mit zwölf Jahren hatte ich ja keine theologischen Argumente für meine heftigen Reaktionen.

Ich »wusste« einfach, dass Ehepaare Gott genauso lieben können wie zölibatäre Menschen. Und als dann im Zweiten Vatikanischen Konzil verkündet wurde, dass alle Menschen zu »vollkommener Liebe« berufen sind, und der »Stand der Vollkommenheit« gegen die »Vollkommenheit des Standes« eingetauscht wurde, dachte ich mit Erstaunen an die Zwölfjährige und ihre Streitgespräche. Woher hatte ich mit zwölf Jahren diese Gewissheit, dass Ehepaare Gott nicht weniger lieben als Zölibatäre?

Umso erstaunter war ich, als ich mich mit vierundzwanzig Jahren selbst zu einem zölibatären Leben gerufen fühlte. Dies entsprach damals in keiner Weise meinen Wünschen und Bedürfnissen. Ich sehnte mich nach einer Partnerschaft, in der die gegenseitige Entfaltung und Heiligung das Hauptziel des gemeinsamen Weges war. Und ich wünschte mir acht Kinder. In dieser Zeit lernte ich, was *Wesensgehorsam* bedeutet. Ich erfuhr, dass es so etwas wie ein »Existenzial-Müssen« gibt und dass unsere Tiefenströmungen und unsere Oberflächenströmungen phasenweise alles andere als parallel laufen.

Ich erfuhr: Es gibt Bedürfnisse des Selbst, die phasenweise den Bedürfnissen unseres Organismus widersprechen. Dies löst Schmerz und Not aus. Gehorchen wir in solchen Situationen aber unseren Tiefenströmungen und leben *Wesensgehorsam*, so gewöhnt sich mit der Zeit unser Organismus an die Choreographie unserer Tiefenimpulse und dankt uns mit einem Zuwachs an Freiheit und Selbstwertgefühl.

Als ich mit siebenundzwanzig Jahren ins Katharina-Werk, einer religiösen katholischen Gemeinschaft eintrat, befand sich diese in einer Identitätskrise. Die 1913 von Frieda Albiez gegründete Gemeinschaft hatte sich in den 40er-Jahren auf den neuen Typus der Weihe an Gott eingelassen, wie er damals von der Katholischen Kirche ermöglicht wurde: Die Weihe an Gott mitten in der Welt. Bei meinem Eintritt hatte die Gemeinschaft gerade begonnen, sich auf diesen Prozess der Umstellung einzulassen. Meine Ausbildungszeit (Kandidatur, Noviziat) war voll von Fragen über diese Umstellung: Wie lebt man die »evangelischen Räte« Armut, Gehorsam und Jungfräulichkeit mitten in der Welt? Was bedeutet Jungfräulichkeit? Ist es möglich, die sexuelle Schöpferkraft so zu gestalten, dass sie zur schöpferischen Quelle für unser Leben wird?

Zu Beginn der 80er-Jahre sah ich, dass die Leitung der Gemeinschaft auf mich zukommen würde. Ich wusste, dass die gesamte Spiritualität der Erneuerung bedurfte, und ich wusste, dass ohne die Befreiung der sexuellen Schöpferkraft von Verboten, Scham, Unterdrückung und Missachtung des Körpers, eine echte spirituelle Erneuerung nicht möglich war. Ich wusste: Ein zentrales Element in der Erneuerung unserer Spiritualität im Sinne der »Weihe an Gott, mitten in der Welt« bestand im gemeinsamen Erforschen, wie wir unseren Leib als Tempel des Heiligen Geistes wahrnehmen und unsere sexuelle Schöpferkraft als zentrale Energie, um ein liebesfähiger Mensch zu werden, integrieren können. Miteinander sollten wir verstehen, dass es keine Heiligung gibt am Leib vorbei. Miteinander sollten wir, zölibatär Lebende und Ehepaare, uns auf die Verheißung einlassen: Verherrlicht Gott in Eurem Leib (1 Kor 6,20).

Die im nebenstehenden Text formulierten Erfahrungen des Ehepaares Gabriele und Bernhard Geiger-Stappel, Mitglieder des Katharina-Werkes, zeigen Stufen des Weges der psychosexuellen Reifung von Amor zu Agape auf – sie sind eine Form des christlichen Weges, die Schöpferkraft Sexualität so zu gebrauchen, dass unser Leib immer mehr zum Tempel des Heiligen Geistes wird.

Text zur Besinnung

Erfahrungen auf unserem Weg als Paar

- Die durch Pia Gyger erneuerte katharinische Spiritualität bewertet die Sexualität als positive, schöpferische Kraft, die es zu gestalten gilt und durch die wir Anteil haben am schöpferischen Wirken Gottes. Diese Ausrichtung hat uns beflügelt und befreit. Wir erfahren unsere Sexualität sowohl als animalisch-vitale Lebensenergie, die uns mit der Erde und mit allen Lebewesen verbindet, als auch als Ausdruck der göttlichen Ur-Liebe, die durch uns hindurch wirkt. So ist sie für uns eine wichtige Brücke zwischen Erde und Himmel.

- Wir durften diesen zentralen Lebensbereich in unserer Beziehung Schritt für Schritt entwickeln und kultivieren und wurden fähig, das Doppelgesicht von Lust und Leid immer besser zu integrieren. Wir haben auf diesem Weg viel Heilung, Ausweitung und Freude erfahren.

- Wir haben gelernt achtsam zu sein mit unserem eigenen Körper und dem unseres/r Partner/in, und Verantwortung zu übernehmen für unsere Körperlichkeit. Das galt besonders in Zeiten von Krankheit und Schwangerschaft und hat heute Bedeutung in den Prozessen des Älterwerdens. Wir freuen uns daran, Wesen mit Fleisch und Blut zu sein, durchdrungen vom Geist in allen Organen und Zellen: »Tu deinem Leib Gutes, damit deine Seele Lust hat, darin zu wohnen.«

- Die Enttabuisierung und bewusste Kultivierung zeitweiser Enthaltsamkeit war für uns als Paar wichtig und spielte eine wesentliche Rolle bei der Gestaltung unserer Sexualität. Gesellschaftlich gesehen ist diese Frage immer noch ein Tabu.

- Wir sind hellhörig geworden für Wechselwirkungen zwischen genitaler Anziehungskraft und subtileren Schwingungen, die zwischen uns auf der Herzensebene und in unserer geistigen Polarität und Ganzheit als Paar spielen.

- Wir wurden bestärkt in unserem Mut, gewisse gesellschaftliche Normierungen und Idealbilder von Mann und Frau hinter uns zu lassen und an der Entfaltung unserer je eigenen Persönlichkeit zu arbeiten. Das hat dazu beigetragen, uns so anzunehmen, wie wir geworden sind, und uns daran zu freuen. So ist Versöhnung mit uns selbst gewachsen und Partnerschaftlichkeit möglich geworden.

- Wir können die körperliche Veränderung beim Älterwerden und ihre Auswirkungen auf unsere Sexualität – u.a. nach den Wechseljahren – gelassen erfahren, weil diese Energie auf der Herzensebene spielt und kraftvoll wirkt. Wir sind immer wieder berührt und staunen, dass ein Lächeln genügt, um zwei Menschen »in Brand zu setzen« und stundenlang in Atem zu halten in der gemeinsamen Schwingung.

- Der Austausch mit zölibatär lebenden Mitgliedern aus der Gemeinschaft war uns wertvoll. Wir konnten sehen, dass es Gemeinsamkeiten gibt bei dem Bemühen, die sexuelle Kraft zu gestalten und zu kultivieren, vor allem, wenn zölibatäre Mitglieder selbst in einer Partnerschaft leben.

- Wir haben gelernt, Rituale auf unserem Weg zu feiern – Rituale, die helfen und heilen. Wir haben mit Lust und Freude eigene Rituale entwickelt zur Gestaltung unserer Begegnungen, bei der Bewältigung wichtiger Übergänge und zur Ablösung unserer Kinder.

- Wir nehmen seit langem wahr, wie sich das Verhältnis von Frauen und Männern weltweit und in allen Kulturen in Umbruch und Veränderung befindet. Unsere eigenen Suchbewegungen erleben wir bewusst als Teil dieser Bewegung. Daher sind wir überzeugt, dass unser Bemühen im größeren Zusammenhang der sich globalisierenden Welt von Bedeutung ist und sich auswirkt. Unser gemeinsames Kultivieren von Liebe und Sexualität trägt zum Wandel unserer Welt in die neue Gestalt der Schöpfung bei.

Die folgende meditative Übung von Hans Jakob Weinz, Mitglied des Katharina-Werkes, kann uns helfen, einen neuen Zugang zum heiligen Feuer in uns zu bekommen. Es lohnt sich, die heilige Schöpferkraft täglich zu grüßen.

> ### Meditative Übung
>
> Ich grüße dich, Sexualität,
> schöpferische Kraft,
> Feuer der Hingabe,
> Kraft der Vereinigung.
> In dir brennt
> die Liebe des dreifaltigen Gottes,
> die Liebe, die vereint
> und zum Eigenen befreit.
> Ich freue mich an dir!
> Entfalte deine Kraft
> zum Segen für mich, die Menschen
> und die Menschheit.

Die Bedeutung der Sexualität auf dem Weg von der Hominisation zur Humanisation

Der Mensch ist also ein Werdewesen! Immer wieder sprach Teilhard de Chardin über den Unterschied von Hominisation und Humanisation. Mit der Entstehung des Menschen (Hominisation) ist das Wesen Mensch noch nicht in seiner ausgereiften Form da. Er war überzeugt, dass die Umpolung des geschlechtlichen Sinnes und die dadurch stattfindende Verlagerung der Anziehung ein wichtiger Schritt auf dem Weg zur Humanisation der Menschheit sein würde.

In meiner persönlichen Auseinandersetzung mit seiner Sichtweise fragte ich mich manchmal, welche verschiedene Stadien im Umgang mit dem *heiligen Feuer* die Menschheit auf ihrem Weg zur Humanisation schon durchgelebt hat. Abgesehen von Teilhards Aussagen, dass die Sexualität von den Anfängen des Lebens bis in unsere Zeit vorwiegend der Arterhaltung diente und daher die Anziehung vorwiegend auf genitaler Ebene stattfand, fand ich keine besondere Aussage in seinem Werk über die Sexualität in den Anfängen des menschlichen Lebens. Als Paläontologe war es für ihn aber klar, dass alle Lebewesen im Laufe von Jahrmillionen aus anderen, einfacheren Lebewesen hervorgegangen sind und dass der Mensch tierische Ahnen hat. Aus diesem Grunde schien mir die Annahme, dass die Urmenschen eine den Tieren noch sehr verwandte Art der Sexualität gelebt haben, plausibel zu sein. Aus dieser großen Perspektive betrachtet, hat sich mein Leiden an der Vergeudung der sexuellen Kraft in unserer Zeit – und am nachlässigen Umgang mit dem *heiligen Feuer* – verändert. Wenn es stimmt, dass die Urmenschen eine den Tieren ähnliche Art der Sexualität lebten, dann löst der Weg der psychosexuellen Entwicklung, den die Menschheit bis jetzt durchlaufen hat, Staunen und Ehrfurcht aus, denn: Zimperlich geht es bei den Tieren nicht zu.

Die Biologin Olivia Judson[49] vom Imperial College in London hat ein lehrreiches, witziges, aber auch schockierendes Buch über das Liebesleben der Fauna verfasst. In der Zeitschrift *Der Spiegel* wurde unter dem Titel »Das Fest der Triebe« und der Fragestellung »weshalb die Evolution die Sexualität erfunden hat«, die wichtigsten Erkenntnisse ihrer Studien zusammengefasst:

Sex ist kompliziert, strapaziös und unökonomisch.
Warum hat sich diese Fortpflanzungsweise dennoch fortgesetzt?
Biologen haben dieses größte Rätsel der Evolution weitgehend gelöst – und erkunden dabei die phantasievollen, teils grausamen Sexualpraktiken der Tiere.

Von den Bienchen und den Blumen erzählen, von der Bestäubung und all dem, das geht noch in Ordnung. Wer kleine Kinder aufklären will, sollte aber besser die Frage hintanstellen, wie die Bienen selbst ihren Nachwuchs machen. Dann lieber gleich den braven Menschensex erklären.
Denn wo das Völkchen der Pollensammler sich fortpflanzt, explodieren die Männchen, ihr Gemächt reisst ab; es kommt zu Gruppensex, Folter und

manchmal zum eiskalten Muttermord. Gegen das Treiben der Honigbiene nehmen sich Hurenhäuser, Swingerclubs und Sadomaso-Szenen gesittet aus.
So ist der Drohn allein für den Sex auf der Welt. Sein Leben kennt nur zwei Varianten: Entweder er schafft es, der jungfräulichen Königin beim Hochzeitsflug seinen Samen zu verpassen – dann stirbt er sofort. Noch in dem Weibchen steckend, fällt er hintüber, und mit einem Schnappgeräusch sprengt es ihm den Hinterleib entzwei. Sein Genital bleibt in der Königin stecken – eine Art Keuschheitspfropf, den der nächste opferfreudige Lover erst wieder ausstöpseln muss.
Oder es gelingt dem Drohn nicht einmal die Begattung – was viel wahrscheinlicher ist, denn von bis zu 25.000 Männchen kommen höchstens 40 zum Zug. Die Versager beim Kampf um den Sex mit der Königin rafft es Ende August dahin. Bei der so genannten Drohnenschlacht drängen die Arbeitsbienen, ihre Schwestern, sie von den Futterplätzen und jagen sie aus dem Stock – die Männchen verhungern. Und manchmal stechen Arbeiterinnen die nutzlosen Geschöpfe zu Tode.
Auch die Königin selbst wird nicht für immer bedient und gepäppelt. Hat sie ausgedient, ist krank geworden oder sonst wie auffällig, wird sie am Ende gemeuchelt von den eigenen Töchtern.
Für Romantik, Liebe und Familienglück hat die Natur nicht viel übrig. Bestialisch mutet beispielsweise auch das Liebesleben vieler Zwitter an: diese Mischwesen aus Männchen und Weibchen vergewaltigen einander am laufenden Band. Die in den Wäldern Nordamerikas lebende Bananenschnecke beißt ihrem Gegenüber gar gelegentlich zum Après-Sex den Penis ab.[50]

Beim Lesen solcher Texte steigen mir noch immer Sätze und Bilder aus meiner Kindheit auf. »Und Gott sah, dass alles gut war«, heißt es am Ende jedes Schöpfungstages in der Bibel. Und immer wieder entdecke ich, dass in solchen Momenten ein innerer Dialog in mir beginnt, zwischen dem im strengen katholischen Milieu erzogenen Kind mit einem statischen Weltbild – und der Frau, die sich in einem evolutiven Weltbild bewegt und orientiert. In solchen Momenten erlaube ich dem Kind in mir, heftige und provozierende Fragen an den lieben Gott zu stellen:
»Weshalb hast Du nicht eine Welt ohne Leiden geschaffen? Weshalb müssen die Tiere ihre Sexualität auf diese Weise leben? Du kannst mir nicht

sagen, dass sie diese Art der Paarung genießen. Und du kannst mir auch nicht sagen, dies alles sei eine Folge der Erbsünde, wie ich es als Kind hörte. Als die Tiere anfingen, sich so zu paaren, gab es ja noch keine Menschen ...«

Diese Art des inneren Dialoges hat jedes Mal eine psychohygienische Wirkung.

Der erwachsenen Frau tut es dann gut, sich an Teilhard zu erinnern: »Eigentlich macht Gott nicht die Dinge. ER lässt die Dinge sich machen. Die Hand Gottes ist weder hier noch dort. Sie wirkt auf die Gesamtheit der Ursachen, ohne sie offen zu zeigen.«[51]

Aber, und das war für Teilhard de Chardin tiefste Gewissheit: Die Materie trägt in sich einen Drang nach Höherentwicklung, nach »Mehr-Sein«. In seinen Forschungen im Bereich der Hominiden sagte er:

Die zukunftsträchtige Primatengruppe ist wie eine mehrstufige Rakete, die in sich bereits den Pfeil trägt, der als nächste Stufe der Evolution weiterfliegt ...Wie bei den Flugkörpern, deren Bewegung mit Hilfe einer Kette von Raketen, die eine nach der anderen zünden, periodisch neu entfacht wird, scheint sich das Leben eines ähnlichen Verfahrens zu bedienen, um den letzten Sprung zu tun.[52]

Übertragen wir dieses Bild auf unsere Weltsituation und unser Thema, so befinden wir uns in einem Übergang, in dem die »Zündung zur neuen Stufe« schon begonnen hat. In der neuen Stufe ist vieles von dem, was in der früheren Stufe lebenserhaltend war, schädlich. In der neuen Stufe ist der Umgang mit dem *heiligen Feuer* durch Verbote, Scham, Unterdrückung, das Auslösen von Schuldgefühlen wirkungslos bis lebenstötend. Die Umpolung des geschlechtlichen Sinnes vollzieht sich vor unseren Augen. Die menschliche Sexualität ist reif für eine neue Ausdrucksform. Teilhard war, wie viele Weise östlicher Religionen, der Überzeugung, dass der Weg der psychosexuellen Entwicklung von Sexus, Eros, Amor, Agape, nicht das Ende der Entwicklung ist. Er wusste, dass die sexuelle Vereinigung nur *ein* Weg ist, um die sexuelle Energie auszudrücken.

Wie viele Weise des Buddhismus, Hinduismus und der verschiedenen tantrischen Traditionen sah er, dass die Evolution des Bewusstseins und die Umwandlung der sexuellen Energie eng miteinander verbunden sind.

Die sexuelle Energie kann in andere Energiestufen transformiert werden. In Energien, die die Zellen durch hohe Energiefrequenz beleben und in Psyche und Körper der Betroffenen Kraft und Vitalität erhöhen. Die psychosexuelle Entwicklung in uns geht weiter.
Die Verbindung des »heiligen Feuers« mit den Kräften des Herzens lässt uns immer tiefer erfahren, dass wir Tempel des *Heiligen Geistes* sind – und dass der Geist Gottes in uns wohnt.
Im nächsten Abschnitt wollen wir einige schon sichtbare Spuren der Umwandlung des geschlechtlichen Sinnes zusammentragen und uns dadurch ermutigen, mit Freude dieser Umwandlung zu dienen.

Meditative Übung

Ich zentriere mich in meinem Atem und spüre, wie sich mein Körper entspannt.
Ich bin mir bewusst: Ich bin Tempel der Heiligen Geistkraft – Gottes Geist wohnt in mir.
Ich nehme mich wahr in meinem Körper als Mann – als Frau.
Ich nehme meine sexuelle Kraft als Lebensenergie wahr, die sich in meinem ganzen Körper verteilt.
Ich sage meinem Leib: »Gott verherrlicht sich in dir.«

Das Erwachen des Herzens

Das Herz als Metapher in der Geschichte der Menschheit

Es ist erstaunlich, welchen Rang das Herz in den verschiedenen Kulturen, Religionen und Weisheitstraditionen der Menschheit einnimmt.
In den frühen Zeugnissen schamanistischer Erfahrungen rund um den Planeten, in den östlichen Weisheitslehren, im altägyptischen und alttestamentlichen Denken, in Kunst und Dichtung, aber auch in der Alltagssprache wird das Herz zunehmend zur Mitte der Person. Das Herz ist ein Urwort, das immer mehr zum zentralen Organ des Menschen avanciert: Im Herzen geschieht größte Erkenntnis. Im Herzen wird die gute Tat geboren. Im Herzen spricht die Stimme Gottes zu uns (Gewissen). Mit dem »Auge des Herzens« sehen wir tiefer als nur mit dem Verstand.
Das Herz ist der Sitz von Liebe und Glückseligkeit. Aber auch das Gegenteil gehört zur Erfahrung der Menschheit: das verschlossene Herz, das harte Herz, das Herz aus Stein, das trügerische Herz, das Herz, das von jenen Kräften besetzt ist, die das »Kosmische Nein« der göttlichen Ordnung gegenüber leben, und vieles mehr.
Besonders beeindruckend für mich, bei der Frage nach der Bedeutung des Herzens in der Menschheitsgeschichte, sind die vielen Hinweise, Parabeln und inspirierten Texte, die zeigen, dass sich das Herz selbst in einem kontinuierlichen Transformationsprozess befindet.
Eine einschneidende Stelle dazu ist im Alten Testament zu finden, wo der Prophet Ezechiel dem Volk verkündet, dass Jahwe ihm ein neues Herz geben werde. Das Herz aus Stein wird ausgetauscht gegen ein Herz aus Fleisch (Ez 36,26).
Jesus von Nazareth führt diese Tradition weiter, wenn er in den Seligpreisungen von jenen, die reinen Herzens sind, sagt, sie werden Gott schauen.
Bei den neutestamentlichen Autoren wird immer wieder betont, dass Gottes Wort in das Herz des Menschen gesät ist und dass es an uns liegt, ob wir diesen Samen pflegen oder verkümmern lassen (vgl. die Parabel vom Sämann Mk 13,3 ff.).
Der Apostel Paulus zeigt der Gemeinde von Ephesus auf, dass durch ihren Glauben Christus in ihren Herzen wohnt (Eph 3,17) und dass dadurch der »innere Mensch« mehr und mehr fähig wird, von der Fülle Gottes erfüllt zu werden (Eph 3,17–20).

Das Erwachen des Herzens in unserer Zeit

Die Transformation des Herzens geht auch in unserer Zeit weiter und scheint durch den großen Übergang beschleunigt zu werden. Viele Menschen erfahren dieses Erwachen als physischen, psychischen und geistigen Wandlungsprozess. Das erwachende Herz öffnet in vielen Menschen den Sinn für die Einheit allen Lebens – sie spüren die Multidimensionalität des Seins, sie spüren, zuerst nur in einzelnen Augenblicken, dann aber in wachsender Kontinuität, dass jeder Mensch das ganze All in sich trägt.

Das, was in den früheren Jahrhunderten den Weisen der Welt in Abgeschiedenheit und strengem Training geschenkt wurde, erfahren sie mitten in der Welt: Sie erfahren ihr Herz als Zentrum der Erkenntnis. Der folgende Text aus der Chandogya-Upanishad drückt wunderbar aus, was heute immer mehr Menschen gewahr werden:

The Castle of Brahman

Om. Im Zentrum des Brahman-Schlosses,
unseres Körpers, befindet sich ein kleines
Heiligtum in der Gestalt einer Lotusblume.
Darin befindet sich ein winziger Raum.
Wir sollten entdecken, wer darin wohnt,
wir sollten wünschen, ihn zu kennen.
Der kleine Raum im Herzen ist so groß
wie das große weite Universum.
Der Himmel und die Erde sind darin,
und Sonne, Mond und Sterne.
Feuer, Blitz und Wind sind darin,
und alles, was da ist, und alles,
was da noch nicht ist:
Denn in ihm ist das ganze Universum.
Es wohnt in unserem Herzen.

Der Benediktiner, Bede Griffiths, der einen großen Teil seines Lebens in Indien verbrachte und viele Menschen auf dem spirituellen Weg begleitet hat, zeigt, wie wir durch Meditation und das Sammeln unseres

Geistes in der Bewusstseinseinigung das Erwachen des Herzens unterstützen können.

Rückkehr zur Mitte

Wenn wir den »Mind« mit seinen messenden Eigenschaften überschreiten, mit seinen Kategorien von Raum und Zeit, dann finden wir den eigentlichen Grund des Universums. Dort sind die Dinge nicht tote Materie, wie uns die westliche Wissenschaft lange Zeit glauben machen wollte. Hier ist alles Leben und Intelligenz. Der westliche Mensch war über Jahrhunderte hinweg nach außen gekehrt, der Welt der Sinne zugewandt, und er verlor sich im äußeren Raum – Die Zeit ist nun gekommen, sich nach innen zu wenden, den Raum im Inneren des Herzens zu erkunden, sich auf diese spannende Reise ins Zentrum zu begeben. Verglichen damit ist die Erforschung des Mondes und der Planeten wie das Spiel eines Kindes.

Ich erachte es als ein besonderes Geschenk in meinem Leben, dass ich durch meine Arbeit als Meditationslehrerin oft Zeugin beim Erwachen des Herzens sein darf. Bei vielen Menschen erwacht so etwas wie eine höhere Intuition und eine ganz neue Art der schöpferischen Inspiration. Es scheint, dass die Prophezeiungen des Propheten Joël in unserer Zeit vermehrt Wirklichkeit werden: »… Ich will meinen Geist ausgießen über alles Fleisch, und eure Söhne und Töchter sollen weissagen. Eure Ältesten sollen Träume haben – und eure Jünglinge sollen Gesichter sehen.«[53]

Das Erwachen des Herzens ist aber nicht nur erfahrbar in plötzlich auftretenden neuen Erkenntnissen, die Ausdruck von schöpferischer Inspiration sind – es hat durchaus auch Auswirkungen auf unseren Körper. Die begabte Yogalehrerin Maruscha Magyarosy, die jahrzehntelang in Indien gelernt hat, schreibt in ihrem Buch *Intelligenz des Herzens durch die fünf Tibeter*:

Wenn Sie Ihrer Aufmerksamkeit erlauben, eine Zeitlang in der Tiefe Ihres Brustraumes zu bleiben, ohne irgendeine Vorstellung oder Erwartung, was geschehen soll – einfach nur das innerlich geflüsterte JA –, werden Sie bald Ihren Herzschlag hören und fühlen. Sein Rhythmus bestimmt Ihr Leben. Erlauben Sie Ihrem Herz-Chakra, sich in der Tiefe der Brusthöhle zu öffnen. Lassen Sie es wieder lebendig werden. Gewähren Sie ihm Raum. Vielleicht werden Sie bald eine Empfindung von Weite, Wärme und Geborgenheit an dieser Stelle wahrnehmen.

Ich erlebe diesen Punkt manchmal als den G-Punkt des Herzens, die empfindsamste Stelle in unserem Mikrokosmos. Doch verglichen mit dem G-Punkt der Frau, dem versteckten Lustpunkt an der Pforte der Gebärmutter, und dem G-Punkt des Herzens gibt es einen wesentlichen Unterschied: Der G-Punkt des Herzens ist nicht in der Vagina der Frau zu finden. Seine Lust ist nicht ausschließlich auf den Körper bezogen, vielmehr schenkt er uns zeitlich unbegrenzte Geborgenheit, satte Freude und sanfte, seelische Ekstase im »Schoß des Herzens«. Er ist so klein wie ein Atomkern, und doch enthält er das ganze Universum und noch mehr. Er ist an kein Geschlecht gebunden. Er ist die Pforte zu unserem wahren Ursprung, zu unserem ewigen Zuhause, zum Schöpfer in uns.

Sammeln Sie sich an jenem kleinen Punkt – im Herzen Ihres Herzens – in Ihrem innersten Zentrum. Dort ist verborgen – so groß wie ein Stecknadelkopf – unser Lebenskeim, der seit der »Vertreibung aus dem Paradies« darauf wartet, wieder aktiviert und zur Entfaltung, zum Leben und zum Blühen gebracht zu werden. Der Weisheitslehrer Ramana Maharshi beschreibt diesen Punkt als den »Sitz unseres Selbst, nicht größer als ein Stecknadelkopf, in dem das ganze Universum enthalten ist ...«[54]

Erwachen des Herzens bedeutet, dass unser Körper erwacht und wir Zugang sowohl zu den in den Körperzellen gespeicherten Informationen bekommen wie auch Zugang zum Allbewusstsein.
Mira Alfassa, die Partnerin von Aurobindo, diesem Pionier bezüglich der Transformation der Materie, sagt dazu:

Das Paradies ist auf der Erde. Wir können es in jeder Minute, durch unsere Zustimmung oder unsere Verweigerung dem Leben, dem Licht gegenüber, neu schaffen und genauso wieder zerstören. In jedem Teilchen, in jedem Atom der Materie und in unserem Körper lebt versteckt die ganze Allwissenheit des Ewigen. Der Körper muss dieses Wissen entdecken, seine Fähigkeiten wieder erkennen, die gewöhnlich durch unsere intellektuellen Tätigkeiten verdeckt werden ... Unsere physische Form ist der verwirklichte Gedanke des Schöpfers in uns ... Der Himmel liegt in der Tiefe der Materie, im Herzen der Erde, im Herzen des menschlichen Körpers ... Und in diesem

Bewusstsein gibt es keine Entfernung mehr, keine Zeit, keine Trennung zwischen den Körpern. Alles ist eins ... Unser Körper ist der evolutionäre Schmelztiegel, in dem Gott seinen neuen Menschen schaffen will. Er ist das Instrument spiritueller Transformation ...

Welche Auswirkungen hat nun das Erwachen des Herzens auf unsere Sexualität? – Löst das Erwachen des Herzens die von Teilhard de Chardin so stark vorausgesehene Umpolung des geschlechtlichen Sinnes aus? – Und, falls dies so ist, wie äußert sich der Umgang mit dem *heiligen Feuer*, wenn unser Herz erwacht?

Wir haben gesehen, dass die von Teilhard de Chardin vorausgesehene partielle Verlagerung der geschlechtlichen Anziehung von der genitalen Ebene zur Herzebene weitergeht als die uns bis jetzt bekannten Stufen der psychosexuellen Entwicklung von *Sexus* bis *Agape*.

Was früher nur für Eingeweihte möglich war, ist heute vielen Menschen zugänglich: das Wissen um die Umwandlung der Lebenssubstanz. Es ist, wie wenn das überall erwachende Herz des Menschen die alten Geheimnisse über die Heiligkeit der Lebenssubstanz (Ovarflüssigkeit der Frau, Samenflüssigkeit des Mannes) suchen und finden lassen würde. So arbeitet der taoistische Weise Mantak Chia weltweit, um die Umpolung des geschlechtlichen Sinnes zu erleichtern. Noch nie gab es so viele gute Bücher über die Heiligkeit des Eros und über den Weg, wie die Lebenssubstanz zur Belebung und Verjüngung des Körpers und der »geistigen Wiedergeburt« gebraucht werden kann. Der persische Weise Hossein Iranschär zeigt in seinen Schriften eindrücklich auf, dass die Ovarflüssigkeit der Frau und die Samenflüssigkeit des Mannes in Mythen, Sagen, in epischen Dichtungen und Heldenerzählungen als das »Lebenswasser« dargestellt wurden, das von Helden und Göttern in der unterirdischen Welt oder in den Tiefen des Meeres gesucht wird. Das Mysterium der Lebenskraft, das früher mit Schleiern in Form von Mythen und Sagen verhüllt werden musste, dürfe und solle heute enthüllt werden. Wörtlich sagt Iranschähr: »Wir müssen unsere sexuelle Energie steigern und nicht unterdrücken, doch wir müssen darauf achten, in welche Kanäle wir sie lenken.«[55]

Die Umpolung des geschlechtlichen Sinnes ist eine Folge des Erwachens des Herzens. Nach Teilhard de Chardin ist diese Umpolung der erste Schritt zur Entfaltung neuer Sinne im Menschen:

- der Sinn für die Erde
- der Sinn für die Menschheit
- der Sinn für den Kosmos
- der Sinn für die Fülle

Die Begegnung der Geschlechter mit erwachenden Herzen ist für uns alle Neuland. Noch sind wir Anfänger und Anfängerinnen im Entfalten der »von der Fortpflanzung befreiten Liebe«. Es lohnt sich, auf die »Zeichen am Weg« zu schauen, die Ausdruck dieses Überganges sind, die das Neue ankündigen.
Vor Jahren schon habe ich in meinem Tagebuch festgehalten:

- *Mann und Frau sind zu gegenseitiger Inspiration, Heilung und Freude gerufen.*
- *Es ist an der Zeit, die alten Rituale des Geschlechterkampfes und die alten Verletzungen loszulassen.*
- *Es ist an der Zeit, unsere Kräfte neu auszurichten, um die neue Schwingung zwischen den Geschlechtern anzuziehen.*
- *Es ist an der Zeit, die in der Verdrängung und im Missbrauch pervertierte Schöpferkraft zu befreien, damit die Begegnung zwischen Mann und Frau der Entfaltung des menschlichen Potenzials dient.*

Das Erwachen des Herzens verändert unseren Umgang mit der heiligen Schöpferkraft Sexualität. Wir sind erst am Anfang dieses Weges – noch können wir die »neue Gestalt« nicht wirklich sehen. Aber wir können die Konturen des Neuen erahnen, wie eben dargestellt. So sehr diese Umpolung all unseren Einsatz braucht, wir können die neuen Beziehungsformen nicht einfach »machen«. Aber sie werden »emergieren«, wenn wir auf die Impulse des Geistes in unseren Herzen hören.
Wir können den Prozess des Erwachens und der Wandlung unterstützen, wenn wir uns täglich auf die paulinische Verheißung einlassen: »Wisst Ihr nicht, dass Euer Leib ein Tempel des Heiligen Geistes ist? Verherrlicht also Gott in Eurem Leib.«[56]

Meditative Übung

Leibhaftes Beten

Setz deine Füße, säulengleich auf weiten Raum
Heb deine Augen auf zum Licht
Mach deine Hände zum Portal
deine Ohren zum Schoß für den Samen
deinen Leib zum wartenden Kelch
Stille tropft in dein Herz
und das Wort umarmt deine Mitte
Sehnsucht faltet sich auf wie eine Blume
du selbst bist Gebet.[57]

Mein Leib, das neue Jerusalem

Seit drei Jahren arbeite ich mit Niklaus Brantschen und einem engagierten Team im Rahmen des Lassalle-Institutes an dem Friedensprojekt »Jerusalem, offene Stadt zum Erlernen des Friedens in der Welt«. Diesem Projekt zugrunde liegt die Überzeugung, dass es keinen Frieden in der Welt gibt, ohne Frieden im Nahen Osten – und dass Frieden dort nur möglich ist, wenn in Jerusalem Frieden waltet.

Ein Friedensprojekt besonderer Art

Ein Friedensprojekt von solchem Ausmaß übersteigt im Grunde das Menschenmögliche. Nur wer überzeugt ist, dass das scheinbar Unmögliche möglich ist, kann sich hineinwagen – wissend, dass die Informationen zum Projektaufbau aus unserer mentalen Intelligenz nicht genügen. Um so ein Projekt zu wagen, ist kontinuierlich Information aus der spirituellen Intelligenz notwendig. Im Lassalle-Institut gehört es zum Alltag,

mit der spirituellen Intelligenz (Intuition, Inspiration) zu arbeiten. Wir nennen diese Art des Vorgehens »non-liniear Leadership« oder »spirituelle Feldbildung«.
Die Projektentwicklung geschieht auf vier Ebenen:
1. Spirituelle Feldbildung
2. Projektarbeit in Jerusalem
3. Projektarbeit bei den Vereinten Nationen in New York und den involvierten Autoren der so genannten Road-Map für einen Friedensplan im Nahen Osten (UNO, EU, USA, UDSSR)
4. Projektarbeit in der Schweiz und der EU

In der Arbeit wird uns zunehmend deutlich, dass der Nahost-Konflikt nur gelöst werden kann von der Zukunft her. Vergangenheit und Gegenwart von Jerusalem sind von Konflikten geprägt. Keine andere Stadt der Welt trägt so schwer an ihrer Geschichte wie Jerusalem.
Aber, so unsere Überzeugung: *Jerusalem ist nicht nur Teil des Problems, Jerusalem ist auch Teil der Lösung.*
Die Gespräche zum Thema Jerusalem, die wir regelmäßig mit Vertreterinnen und Vertretern der Vereinten Nationen führen, beginnen deshalb immer mit generellen Themen zur Selbstorganisation der sich globalisierenden Menschheit. Im Einzelnen lassen wir uns von folgenden Fragen leiten:

- Teilen Sie mit uns die Überzeugung, dass das primäre Ziel der Charta der Vereinten Nationen, nämlich den Krieg zu beenden, nur realisiert werden kann, wenn der menschliche Forschungstrieb vorrangig zur Friedensforschung und Friedenserziehung eingesetzt wird?
- Teilen Sie mit uns die Ansicht, dass es einen Ort auf diesem Planeten braucht, wo Friedensforschung ein zentrales Anliegen ist? Und können Sie sich vorstellen, dass Jerusalem aufgrund seines in den prophetischen Visionen schlummernden Potenzials dieser Ort sein könnte?
- Teilen Sie mit uns die Überzeugung, dass Frieden im Nahen Osten nur möglich wird, wenn einerseits die Geschichte der drei monotheistischen Religionen ernst genommen wird und anderseits die spirituellen Kräfte eben dieser Religionen für den Friedensprozess aktiviert werden?
- Teilen Sie schließlich mit uns die Überzeugung, dass festgefahrene Konflikte nur gelöst werden können, wenn durch die Synthese der

Polaritäten für alle Beteiligten eine andere Ebene des Handelns erreicht wird? Und sind Sie auch der Ansicht, dass wir dank der Anerkennung Jerusalems als »Weltfriedensstadt« durch die Völkerfamilie dem Gründungsziel der UNO näherkommen?

Die Hoffnung, die wir mit Jerusalem als erster Weltfriedensstadt verbinden, haben wir wie folgt formuliert:
- Was wäre, wenn die Altstadt von Jerusalem, verwaltet durch Israeli und Palästinenser, zu einem Ort würde, an dem die spirituelle Kraft der Religionen für den Weltfrieden nutzbar gemacht würde?
- Was wäre, wenn Israeli und Palästinenser als Gastgeber Menschen aller Religionen inklusive der nicht-abrahamitischen in Jerusalem zum Dialog empfangen würden?
- Was wäre, wenn Friedensaktivisten aus aller Welt in Jerusalem Schulen, Universitäten, Forschungszentren vorfänden, wo sie Wege der Versöhnung und Heilung suchen und einüben könnten?

Und was würde geschehen?
Es würde nichts weniger als eine neue, unerwartete Perspektive eröffnet, die für beide Konfliktparteien (endlich!) eine Win-Win-Situation entstehen ließe:
- auf der Ebene der Identitätsfindung (je einmalige Gastgeberrolle),
- auf der Ebene des wirtschaftlichen Fortschritts (Besucherstrom, Investitionen),
- auf der Ebene des internationalen Ansehens (Ehrung und Anerkennung innerhalb der Völkergemeinschaft).

Das Jerusalem-Projekt als Quelle und Gefäß spiritueller Erfahrung

Das Projekt »Jerusalem, offene Stadt zum Erlernen des Friedens in der Welt« ist eine große Herausforderung für alle im Projekt Arbeitenden. Jeder Schritt ist Neuland. Es verlangt die Bereitschaft, sich intensiv mit der Geschichte der drei abrahamitischen Religionen in Jerusalem auseinanderzusetzen. Es verlangt das Eintauchen in die Heilserwartungen zum himmlischen Jerusalem und das Eintauchen in die Ansprüche der Juden, Christen und Muslime an das irdische Jerusalem. In dieser Auseinandersetzung gibt es ein Wort, das wie ein Schlüsselbegriff von überall her auftaucht: der Tempel von Jerusalem. Der Tempelberg mit dem ehemaligen Tempel des jüdischen Volkes, dem heutigen Felsendom und der Al-Aqsa Moschee ist das Heiligtum in Jerusalem, das sowohl für Juden, Christen und Muslime von zentraler Bedeutung ist. Für alle drei Religionen ist der Tempelberg besetzt mit einer begnadeten und gleichzeitig überaus leidvollen und kriegerischen Vergangenheit. Aber auch mit großen Heilserwartungen für die Zukunft. In der Auseinandersetzung mit der Geschichte des Tempels in Jerusalem verstand ich immer mehr, weshalb fast alle politischen Konfliktlösungsstrategien der Gegenwart das Thema Jerusalem und Tempelberg zu umgehen versuchen. Das Thema ist zu »heiß« und die Angst, eine Lawine ins Rollen zu bringen und nicht lösbare Konflikte heraufzubeschwören, ist zu groß. Obwohl wir dies wussten, sahen wir, dass die Auseinandersetzung mit Jerusalem als Friedensstadt für die Welt unmöglich ist, ohne eine neue Lösung zum Thema Tempel und Tempelberg zu finden. Es wurde uns klar, dass wir tief in die Geschichte dieses besonderen Ortes eintauchen müssen und dass neue Lösungen nur in Ehrung und Anerkennung der Vergangenheit und mit den Menschen von Jerusalem gefunden werden können.

Jerusalem und die Tempelmatrix

Seit Wochen war ich also dabei, mich über Geschichte und Bedeutung des Tempels zu informieren. Ich las über die Gründe und Umstände, weshalb Salomo, der Sohn von König David, um ca. 950 v. Chr. den ersten Tempel von sagenhafter Schönheit bauen ließ. Ich las über die Gründe der Zerstörung dieses großen Werkes um ca. 586 v. Chr. unter Nebukadnezzar. Ich erfuhr etwas über den Aufbau des zweiten Tempels und dessen erneute Zerstörung von den Römern unter Kaiser Titus, im Jahre 70 n. Chr. Ich las vom Bau des Felsendoms unter dem Kalifen Abdal Ben Marwan. Ich las über die darauf folgende Besetzung Jerusalems von den christlichen Kreuzfahrern, die um 1141 n. Chr. den Felsendom in eine Kirche umfunktionierten, die Maria geweiht wurde. Und schlussendlich erfuhr ich, dass der Felsendom und die Al-Aqsa Moschee heute der drittheiligste Pilgerort für Muslime aus aller Welt ist.
Je mehr ich über den Tempel, seine Geschichte und seine Bedeutung in der Gegenwart wusste, umso komplexer und verworrener erschien mir

die ganze Situation. Und als mir eine jüdische Bekannte dann noch sagte, nach jüdischem Verständnis habe die Erschaffung der Welt unter dem Tempel begonnen, und mir einen entsprechenden Text vorlegte, der den Anspruch der Juden an diesen Ort klar belegte, da erschien es mir hoffnungslos, jemals eine Lösung zu finden, die für alle abrahamitischen Religionen eine Win-Win-Situation ermöglichen würde. Der Text des Midrasch Tanchuma heißt folgendermaßen:

> *Wie der Nabel im Zentrum des Menschen platziert ist,*
> *so ist auch das Land Israel der Nabel der Welt ...*
> *im Zentrum der Welt gelegen,*
> *und Jerusalem im Zentrum des Landes Israel,*
> *und der Tempel im Zentrum von Jerusalem,*
> *und das Allerheiligste im Zentrum des Tempels,*
> *und die Lade im Zentrum des Allerheiligsten,*
> *und der Grundstein vor dem Allerheiligsten,*
> *weil von ihm aus die Welt erschaffen wurde.*
> MICHAEL KAGAN

Am Abend, nachdem ich diesen Text gelesen hatte, lag ich lange wach im Bett. Wie gut verstand ich nun, dass das Thema Tempelberg von den Politikern umgangen wurde. Überall, wo man hintrat, waren »Minenfelder« im Sinne von geschichtlich begründeten Rechten und Besitzansprüchen, verbunden mit religiösen Heilserwartungen und Sehnsüchten. Wie sollte da jemals eine politische Lösung gefunden werden, die nicht neues Blutvergießen unter den Kinder Abrahams auslöste? In dieser Stimmung der Ausweglosigkeit schlief ich ein. Nach einigen Stunden Tiefschlaf erwachte ich mit jenem lauten Herzklopfen, das mir immer zeigt, dass Informationen aus dem Überbewussten durchkommen wollen. Und dass ich »es« schreiben lassen soll. Ich kenne diese »Sprache des Herzens« seit Jahren. Daher nahm ich mein Tagebuch und stellte wie üblich die Frage: Mein Herz, was willst du mir sagen?

Der Text, der mir auf meine Frage hin geschenkt wurde, löste Nichtverstehen, Erstaunen, innere Abwehr und ein großes Glücksgefühl gleichzeitig in mir aus. Ich bzw. »es« schrieb:

Jerusalem und die Tempelmatrix

Jerusalem.
Die Weisheit der Tempelmatrix weist den WEG vom äußeren Heiligtum zum inneren Heiligtum, dem menschlichen Körper.
Die Tempelmatrix weist den WEG zum »neuen Jerusalem« im menschlichen Körper. Licht!
Die Tempelmatrix ist die in der Erde ruhende Kraft und Sehnsucht nach dem erwachten, menschlichen Herzen, angelegt am Beginn der Schöpfung.
Die Tempelmatrix ist der WEG vom Empfang der Stimme Jahwes im äußeren Heiligtum zum Hören der Stimme der Sophia im eigenen Herzen!
Die Erde trägt in sich die Sehnsucht nach dem erwachten menschlichen Herzen, seit Beginn der Schöpfung.
Das Herz der Erde vollendet sich im erwachten menschlichen Herzen.
Eine Vollendung, die gleichzeitig »neue Geburt« bedeutet.
Die Geburt des kosmischen Menschen, der in der Kraft der Auferstehung lebt!
Freut euch und frohlocket!
Die Erde sehnt sich nach dem erwachten Menschen, der weiß, dass er das All in sich trägt.

Ich brauchte einige Tage, bis ich mich auf diesen Text einlassen konnte. Aber schon bald verstand ich, dass mich dieser Text wahrscheinlich bis an mein Lebensende beschäftigen wird und dass er sich entsprechend meiner inneren Reife immer tiefer erschließen wird. Anhand der Stichworte: »Nichtverstehen« und »innere Abwehr« – »Staunen und Dankbarkeit« – »mein Leib und das neue Jerusalem« – versuche ich im Folgenden die mir jetzt zugänglichen Spuren zum Thema »Jerusalem und die Tempelmatrix« nachzuzeichnen.

Nichtverstehen und innere Abwehr

Das erste Wort, über das ich stolperte, war *Tempelmatrix*. Was meint dieses Wort? Nachdem ich in verschiedenen Lexika gesucht hatte, ergab sich folgende Deutung:

- *Matrix biologisch:*
  Genetische Information
  Die genetische Substanz als Abbildungsmuster bei Verdoppelungen
- *Matrix mythologisch:*
  Quelle, Gebärmutter, Muttergottheit
- *Matrix systemisch:*
  Programmierungshilfe – Die Gesamtheit der zusammengehörenden Faktoren und Korrelationen in einem System

Diese Informationen halfen mir, Zugang zum Wort *Tempelmatrix* zu finden. Die Matrix ist also die so genannte mütterliche Quelle, das Abbildungsmuster und die Programmierungshilfe im Herzen der Erde, um die Evolution zum Menschen mit dem erwachten Menschen zu ermöglichen.

Trotzdem war es nötig, dass ich den Text immer wieder las, um langsam die darin enthaltene Botschaft assimilieren zu können. Ich hatte schon durch meine Beschäftigung mit der Geschichte des Tempels verstanden, dass der Begriff »das neue Jerusalem« für viele Menschen der Sammelbegriff für einen erlösten Zustand schlechthin bedeutet und dass dieser erlöste Zustand bei vielen Menschen um den Bau des dritten Tempels kreist. Dabei gehen die Vorstellungen, wie dieser dritte Tempel aussehen soll, weit auseinander. Vom Anspruch, den dritten Tempel als möglichst getreues Abbild vom Tempel Salomos, inklusive der damaligen Opferpraxis zu errichten, bis zur Vorstellung, dass der dritte Tempel kein Gebäude ist, sondern dass die friedlich vereinte Menschheit selbst zum Tempel wird. Reb. David Herzberg schreibt dazu: »Wenn wir uns dazu entschließen, mit Liebe und Respekt füreinander friedlich zusammenzuleben, fördern wir die letzte Erlösung und verdienen es, das ewige Haus, den dritten Tempel zu bauen und zu erlösen.«[58]

Im Kontext dieser Informationen machte mir mein Text zur *Tempelmatrix* immer mehr Sinn. Die Sätze »die Tempelmatrix weist den Weg vom äußeren Heiligtum zum inneren Heiligtum – sie ist die in der Erde ruhende Sehnsucht nach dem erwachten menschlichen Herzen, angelegt am Beginn der Schöpfung« begannen sich zu erschließen. Sollte die ganze Menschheit zum Tempel Gottes werden, so war dazu das erwachte menschliche Herz unerlässlich.

Aus meinem Nichtverstehen entstand langsam Trauen und Staunen. Ich begann mich zu fragen, ob dieser schwierige und mich gleichzeitig beglückende Text aus einem Informationsfeld des Universums gekommen ist, in dem seit dreitausend Jahren Gedanken, Gefühle, Sehnsüchte und Visionen zum Thema Tempel und Jerusalem gespeichert sind? Und so las ich in dem Buch von Ervin Laszlo *Zuhause im Universum* noch einmal nach, was er über die im A-Feld (Quantenvakuum) des Universums gespeicherten Informationen erzählt. Seine Darstellung gab mir die Möglichkeit, meiner eigenen Inspiration zu trauen. Laszlo zeigt, dass die Nullpunktenergie im Quantenvakuum nicht nur ein superdichtes Energiefeld, sondern auch ein superdichtes Informationsfeld im Herzen des Kosmos ist, sozusagen das holographische Gedächtnis des Universums:

Das A-Feld vernetzt alle physischen Systeme zu einem hochkohärenten Ganzen ... Anders als nach Darwins Theorie der zufälligen Mutationen, die zum Überleben der am besten angepassten Varianten führt, spielt also in einer A-Feld-Welt purer Zufall, einfaches Würfeln keine fundamentale Rolle in der Evolution. Das A-Feld befindet sich in ständiger Wechselwirkung mit der Materie auf jeder Ebene, von subatomaren bis zu kosmischen Größenordnungen, und beeinflusst so, auf welche Weise alles Lebende wächst, sich anpasst und weiterentwickelt. So kommt eine hochkohärente Welt zustande, in der Dinge auf der einen Ebene (z.B. Atome) unter dem Einfluss von Dingen auf einer anderen Ebene stehen (z.B. Menschen), die wiederum von anderen Ebenen bis hinauf zum Universum beeinflusst werden, ja gar von früheren Universen, wenn man sich die fein abgestimmte Kohärenz unseres eigenen Universums erklären will.[59]

Auf dem Hintergrund dieser Erkenntnisse fiel es mir nicht mehr schwer anzunehmen, dass die *Tempelmatrix* der in der Erde ruhende Code ist, der das erwachte menschliche Herz hervorbringen will. Nach dieser Einsicht löste sich meine Abwehr gegenüber dem Wort *Tempelmatrix* auf.

Staunen und Dankbarkeit

Je länger ich den Text »Jerusalem und die Tempelmatrix« in mir trage, umso mehr staune ich über die Informationen, die wir über inspirierte Texte geschenkt bekommen. Welch eine »Landkarte« für uns, wenn es

heißt: »Die Weisheit der Tempelmatrix weist den Weg vom äußeren Heiligtum zum inneren Heiligtum, von der Stimme Jahwes im äußeren Heiligtum zum Hören der Stimme der Sophia im eigenen Herzen.«
Die Sophia, Gottes Weisheit, wurde als weibliche Kraft schon beim Bau des ersten Tempels, also von Anfang an, mit dem Allerheiligsten verbunden. Und es wird berichtet, die Sophia soll trotz zweimaliger Zerstörung des Tempels an den Ort zurückgekehrt sein.
Die »Landkarte« der *Tempelmatrix* zeigt uns also: Wir sollen die Stimme der Weisheit nicht mehr in den äußeren Heiligtümern suchen, sondern im Tempel des eigenen Herzens. Je mehr ich die Möglichkeiten, die in dieser Verheißung liegen, erahne, umso mehr verbindet sich mein Staunen mit Dankbarkeit. Die *Tempelmatrix*, der in der Erde ruhende Code, der durch alle Stufen der Evolution hindurch nach dem Erwachen des menschlichen Herzens tastet, wird uns befähigen, das paulinische »Wisst ihr nicht, dass euer Leib ein Tempel des Heiligen Geistes ist« zu verstehen und uns ebenso befähigen, dieser Tempel zu sein. Und mit innerer Freude dachte ich an die Worte Jesu zur samaritischen Frau am Jakobsbrunnen, die ihn fragte, wo denn nun der richtige Ort der Anbetung sei – auf dem heiligen Berg ihres Volkes oder in Jerusalem? Jesus antwortete ihr, dass in Zukunft Gott weder auf einem Berg noch an einem bestimmten Ort, sondern im Geist und in der Wahrheit angebetet wird.[60]

Mein Leib – das neue Jerusalem

Der Ausdruck »neues Jerusalem« ist, wie wir gesehen haben, in der Geschichte der drei abrahamitischen Religionen Symbol für einen erlösten Seinszustand und auch für die neue Schöpfung.
Es wurde auch deutlich, dass das erwachende menschliche Herz eine Vollendung ist, die gleichzeitig neue Geburt bedeutet. Die Geburt des kosmischen Menschen, der wir immer schon sind – dessen Allbewusstsein wieder erwacht. Erwachen zum Allbewusstsein ist nicht das Gleiche wie Allwissenheit. Zugang zum Allbewusstsein bedeutet: wieder fähig zu sein, die Informationen des Universums aufzunehmen, so wie es wahrscheinlich die Urmenschen konnten. Und dies unter Beibehaltung aller Attribute der Individualisierung, des logischen Denkens und der mentalen Bewusstseinsstruktur. Jedes Mal, wenn ich in meiner inneren Orien-

Meditative Übung

Die Erde sehnt sich nach dem erwachten Herzen

Ich lasse den Text »Jerusalem und die Tempelmatrix« Satz um Satz in mir wirken.

Ich verweile bei den Sätzen:

- Die Tempelmatrix ist die in der Erde ruhende Kraft und Sehnsucht nach dem erwachten menschlichen Herzen angelegt am Beginn der Schöpfung.

- Die Erde sehnt sich nach dem erwachten Menschen, der weiß, dass er das All in sich trägt.

Welche Gedanken steigen in mir auf beim Lesen dieser Botschaften?

Welche Gefühle lösen diese Verheißungen aus?

Wenn Sie in sich eine Resonanz zu diesen Texten erfahren, so bekräftigen Sie diese mit einer Deklaration und drücken dadurch Ihre Bereitschaft aus, alles zu tun, um dem Erwachen des Herzens zu dienen. Zum Beispiel: Ich bin bereit, an diesem neuen Tag alles zu tun, um dem Erwachen meines Herzens zu dienen.

tierung an diesem Punkt bin, durchströmt ein Glücksgefühl meinen ganzen Körper. Dieses Glücksgefühl ist durchdrungen von der inneren Gewissheit, dass die *Tempelmatrix* uns immer tiefer erfahren lässt: Unser Leib ist ein Tempel des Heiligen Geistes. Durch das Erwachen unseres Herzens wird das »neue Jerusalem« in unserem Körper geboren. Dies zu erfahren und diesem Prozess zu dienen, ist priesterliche Funktion.

Priesterinnen und Priester der kosmischen Wandlung leben in der Gewissheit, dass unser Herz und unser Leib erwachen können und dass dadurch die Voraussetzungen geschaffen werden, dass die ganze Menschheit zum »neuen Tempel« wird. Und sie sind bereit, alles zu tun, dass das »neue Jerusalem« in uns und in der Menschheit geboren wird.

Mitschöpferin und Mitschöpfer Gottes

»Du bist ein Kind Gottes«, sagte mir meine Mutter schon als Kleinkind. »Wenn Du dem Heiland Fragen stellst und ganz still wirst, so hörst Du seine Antwort in Deinem Herzen.«
Mein Leben lang bin ich meiner Mutter dankbar für diese Pädagogik, mit der ich die Information erhielt, dass Gott in unserem Herzen wohnt, dass man ihm Fragen stellen kann und dass man seine Antworten hören kann, wenn man gelernt hat zu schweigen. Wie oft habe ich in meinem Leben erfahren, wie Recht meine Mutter hatte.
Und doch spüre ich, dass heute eine »Graduierung« ansteht. Es scheint Gott nicht mehr zu genügen, dass wir im Bewusstsein des Kindes aus IHM leben. Viele Zeichen deuten darauf hin, dass die Zeit reif ist, in der Gott nicht mehr vorwiegend für uns, als Antwort auf unsere Bittgebete, sondern durch uns wirken will. Es ist die Zeit der Ermächtigung, vom Kind Gottes zur Mitschöpferin und zum Mitschöpfer Gottes zu werden. In diesem Kapitel wollen wir den Zeichen dieser Ermächtigung nachspüren. Sie ist eine Voraussetzung, damit die Verheißung aus dem 1. Petrusbrief an uns wirkmächtig werden kann: »Ihr aber seid ein auserwähltes Geschlecht, eine königliche Priesterschaft ...«[61]
Priester und Priesterinnen der kosmischen Wandlung sind nicht nur Kinder Gottes, sie sind vor allem Mitschöpfer und Mitschöpferinnen Gottes.

Das Licht im Dunkel ansprechen

Woher kommt das Böse? Weshalb schuf Gott eine Werdewelt, in der das Leiden unabdingbar dazugehört? Trotz aller evolutiver Erklärungsmodelle gibt es wohl in jedem Menschen, der mit offenem Herzen am Wachsen unserer Welt teilnimmt, von Zeit zu Zeit die leidenschaftliche Frage: Mein Gott, warum so viel Mühsal, warum so viel Leiden? Was hast Du Dir denn dabei gedacht?

In mir wird dieses kindliche Aufbegehren immer dann wieder ruhig, wenn ich die großartigen Zeugnisse jener lese, die persönlich bis an den Grund ihrer Existenz Leiden erfahren haben und dennoch vertrauen. Der Religionsphilosoph Hans Jonas, ein Jude, dessen Mutter in Auschwitz ermordet wurde, ist für mich ein solches Beispiel der Hoffnung:

Im Anfang, aus unerkennbarer Wahl, entschied der göttliche Grund des Seins, sich dem Zufall, dem Wagnis und der endlosen Mannigfaltigkeit des Werdens anheim zu geben. Und zwar gänzlich: Da sie einging in das Abenteuer von Raum und Zeit, hielt die Gottheit nichts von sich zurück; kein unergriffener und immuner Teil von ihr blieb, um die umwegige Ausformung ihres Schicksals in der Schöpfung von jenseits her zu lenken, zu berichtigen und letztlich zu garantieren. Auf dieser bedingungslosen Immanenz besteht der moderne Geist. Es ist sein Mut oder seine Verzweiflung, in jedem Fall seine bittere Ehrlichkeit, unser In-der-Welt-Sein ernst zu nehmen: die Welt als sich selbst überlassen zu sehen, ihre Gesetze als keine Einmischung duldend, und die Strenge unserer Zugehörigkeit als durch keine außerweltliche Vorsehung gemildert.[62]

Ich bin mir nicht sicher, ob ich mit Hans Jonas in der Radikalität, mit der er die Welt sich selbst überlassen sieht, einverstanden bin. Im Thema Verantwortung, die wir gegenüber dem Leiden der Welt übernehmen sollen, lasse ich mich aber gerne von seinen Thesen herausfordern:

Nachdem er sich ganz in die werdende Welt hineingab, hat Gott nichts mehr zu geben – jetzt ist es am Menschen ihm zu geben ... nicht Gott, sondern die Menschen müssen sich vor Gott, vor der Evolution und vor der Geschichte für alles vermeidbare, nicht notwendige Übel und für alles Böse rechtfertigen.[63]

Es ist sicher effektiver, in das Bewusstsein unserer Mitverantwortung hineinzuwachsen, als immer neu die Frage nach den Ursachen des Leidens zu stellen. Aber, auch dies ist noch nicht der wirkungsvollste Schritt. Wir können mehr tun, um Leiden zu mindern.

Priesterinnen und Priester der kosmischen Wandlung wissen, dass das Licht Gottes in allem Dunkel gegenwärtig ist. Denn, »in IHM leben wir, bewegen wir uns und sind wir«. Es gibt nichts, wo Gott nicht ist. Würde sich die Gottheit aus irgendeiner Manifestation zurückziehen, würde dieses Phänomen ins Nichts zurückfallen.

Es war eine Sternstunde in meinem Leben, als die Erkenntnis, dass Gott auch der Seinsgrund alles Dunklen ist, mein Leben zu bewegen begann. Wie ein Feuer durchfuhr mich ein Ahnen vom Geheimnis der so genannten Kenosis, jener Selbstentäußerung Gottes, auf welche die Gottheit sich einließ, als sie eine Werdewelt schuf. Wie ein Feuer durchfuhr mich ein Ahnen von der Liebe und Demut der Gottheit, die sich selbst zurücknimmt, um einen Raum der Freiheit in der eigenen Schöpfung zu ermöglichen. Und plötzlich verstand ich, weshalb das jüdische Volk nicht nur um den Segen des Ewigen bittet, sondern selbst den Ewigen segnet. Die Kenosis Christi – »Er war Gott gleich, hielt aber nicht daran fest, wie Gott zu sein, sondern entäußerte sich und wurde den Menschen gleich« – begann nicht erst mit der Menschwerdung Christi, sondern mit der Schöpfung.[64]

In einer meiner vielen schlaflosen Nächte begann ich, die Gottheit in der Selbstentäußerung des *Kosmischen Christus* anzusprechen. Ich suchte nicht nach Worten. Das hebräische »Kodoisch, Kodoisch, Kodoisch, Adonay Zebojoth« stieg einfach aus meiner Tiefe auf. Das »Kodoisch, Kodoisch, Kodoisch« ist das »Dreimal-Heilig«, das in jeder Eucharistiefeier vor der Wandlung gebetet wird. In der Bibel wird das Dreimal-Heilig den so genannten Ersterschaffenen der Schöpfung zugesprochen. Jenen hohen Lichtkräften und Geistwesen, die gestalthafte Urbilder, so genannte Prägestempel der ganzen Schöpfung sind. Das »Kodoisch, Kodoisch, Kodoisch« ist die Lichtvibration dieser Wesen, mit der sie die letzte Wirklichkeit ehren, deren erste Manifestation sie sind.

So begann ich, mit dem »Dreimal-Heilig« die verborgene Gottheit in allem Dunkel dieser Welt zu grüßen, anzubeten und zu ehren. Ich sprach das Kodoisch über die sterbenden Arten, über die verschmutzten Seen und Ozeane. Ich sprach das Dreimal-Heilig über die hungernden Kinder dieser Welt – ich grüßte den Ewigen in seiner Selbstentäußerung, in aller pervertierten Macht der Menschen.

Erst Jahre nach dieser Initiation las ich im Buch über die 72 Heiligen Namen Gottes von J. J. Hurtak, dass das Kodoisch, Kodoisch, Kodoisch eine Formel ist, die gebraucht wird, um eine Energieschutz-Säule zu erschaffen, die in allen Situationen zur Heilung und Problemlösung eingesetzt werden kann.[65] Seither ist das Trishagion, das Dreimal-Heilig, zum selbsttätigen Gebet in mir geworden. Wann immer ich mit dunklen Energien, Gedanken, Worten und Taten konfrontiert werde, steigt das »Kodoisch« in mir auf. Die Wirkungen dieses Gebetes erstaunen mich je neu: Es löst alle Gefühle von Ohnmacht auf. Es weckt in mir selbst ein Gespür dafür – welche Liebe und Demut in der Selbstentäußerung Gottes liegt. Teilhard de Chardin hat Recht, wenn er sagt: »Erschaffen ist für den Allmächtigen keine Kleinigkeit, keine Vergnügungsreise. Es ist ein Risiko, auf das er sich ganz und gar einlässt ...«[66]

Wer Gott im Dunkel der Welt anspricht, beginnt etwas von jener Zärtlichkeit für die sich aller Macht entäußernde Gottheit zu erfahren, die wohl die junge Jüdin Etty Hillesum erfuhr:

Sonntagmorgengebet. Es sind schlimme Zeiten, mein Gott. Heute Nacht geschah es zum ersten Mal, dass ich mit brennenden Augen schlaflos im Dunkeln lag und viele Bilder menschlichen Leidens an mir vorüberzogen. Ich verspreche dir etwas, Gott, nur eine Kleinigkeit: ich will meine Sorgen um die Zukunft nicht als beschwerende Gewichte an den jeweiligen Tag hängen, aber dazu braucht man eine gewisse Übung. Jeder ist für sich selbst genug. Ich will dir helfen, Gott, dass du mich nicht verlässt, aber ich kann mich von vornherein für nichts verbürgen. Nur dies eine wird mir immer deutlicher: dass du uns nicht helfen kannst, sondern dass wir dir helfen müssen, und dadurch helfen wir letzten Endes uns selbst. Es ist das Einzige, auf das es ankommt: ein Stück von dir in uns selbst zu retten, Gott.

An den Umständen scheinst du nicht viel ändern zu können, sie gehören nun mal zu diesem Leben ... Ich werde in der nächsten Zukunft noch sehr viele Gespräche mit dir führen und dich auf diese Weise daran hindern, mich zu verlassen. Du wirst wohl auch karge Zeiten in mir erleben, mein Gott, in denen mein Glaube dich nicht so kräftig nährt, aber glaube mir, ich werde weiter für dich wirken und dir treu bleiben und dich nicht aus meinem Inneren verjagen.[67]

Welch ein Gebet! Etty verspricht dem Ewigen, *Ihm* zu helfen, dass Er sie nicht verlässt – sie weiß, dass Gott auf ihre Hilfe angewiesen ist – und dass es darauf ankommt, ein Stück von Gott in ihr selbst zu retten, durch ihr Vertrauen!

Als ich diesen Text das erste Mal hörte, verneigte ich mich innerlich spontan vor dieser jungen Jüdin, die kurze Zeit nach ihrem Tagebucheintrag in einem Konzentrationslager umkam.

Wenn wir das Licht Gottes in allem Dunkel ansprechen, verändert sich unsere Gotteserfahrung. Es ist eine der stärksten Initiationen zum Priester und zur Priesterin der *Kosmischen Wandlung*, die ich an mir und an vielen anderen Menschen bis jetzt erlebt habe. Das folgende Ritual im Rahmen unseres Jerusalem-Projektes ist eine Frucht dieser Initiation:

Jerusalem, Stadt des Friedens

1. Die Vergangenheit ehren

Geehrt und gewürdigt seien alle großen Taten von dir, Frau Jerusalem, wie auch die kleinen und verborgenen, die dich zu dem führten und führen, was Du im Innersten bist: Friedensstadt für die Menschheit.

Geehrt und gewürdigt seien deine Könige,
David, der Sänger, und Salomo, der deinen Tempel bauen ließ.

Geehrt und gewürdigt seien sie alle,
die an dir bauten in Materie und Geist.

Geehrt und gewürdigt seien alle Völker,
die je deinen Grund bewohnten, und alle ihre Religionen.

Geehrt und gewürdigt seist du, Ort des Gebetes durch die
Jahrtausende.

Geehrt und gewürdigt sei der Strom der Pilger aller Zeiten
hin zu dir.

Geehrt und gewürdigt seien die Wüsten,
sie schenkten Eingebung deinen Seherinnen und Propheten.

Geehrt und gewürdigt seien die Olivenbäume,
sie geben deinen Menschen Nahrung und Heimat.

Geehrt und gewürdigt seien Abraham, Sarah und Hagar,
Israel, Ismael und alle ihre Kinder.

Geehrt und gewürdigt seien Elisabeth, Zacharias und Johannes,
Maria, Joseph und Jesus.

Geehrt und gewürdigt seien Mohammed und alle seine
geistigen Söhne und Töchter.

2. Das Licht im Dunkel der Stadt Jerusalem ansprechen

Wir sprechen an das Licht Gottes

in allem Dunkel der Stadt Jerusalem,
in aller Unversöhnlichkeit,
in Furcht und Hass,
in allem, was Leben zerstört,
in allem, was schmerzt,
in allem, was nach Heilung schreit,
in allen Versuchungen und Irrtümern,
in aller pervertierten Macht,
in den Mauern der Trennung
durch die Jahrtausende bis heute.

3. Die Seherinnen und Propheten rufen

Wir rufen euch, Prophetinnen und Propheten aller Zeiten, die dich, Jerusalem, erkannten als den Ort, an dem die Völker den Frieden üben.

Wir sind bereit, uns mit Eurer Weisheit und Hingabe zu verbinden,
mit Eurer Leidenschaft und visionären Kraft.

Wir sind bereit, die Samen für die Stadt des Friedens zu wecken,
die ihr gesät, und die ruhen im Gedächtnis der Erde.

Wir sind bereit, eure Lichtspuren aufzunehmen und umzusetzen,
eine Spur des Lichtes zu legen in die Zukunft.

4. Die neue Art des Übergangs erbitten

Komm, Licht der Wandlung, göttliches Licht: dass jede Wunde sich schließe und zur Kraftquelle werde, dass jede Verletzung heile und zur Gabe werde. Ermächtige uns zur neuen Form des Übergangs, damit in spielerischer Leichtigkeit die Wandlung sich vollzieht:

von egozentrisch pervertierter Macht zur neuen Macht der Liebe,
von Demütigung und Angst zur schöpferischen Lust an der Verschiedenheit,
von Verunstaltung zu Schönheit und Würde,
von der Verwirrung des Krieges zu spielerischer Schöpferkraft,
von Tod und Erstarrung zu überschäumendem Leben.

5. Jerusalem als Stadt des Friedens begrüßen

Freue dich, Frau Jerusalem, denn:

Jetzt strömen die Menschen zu dir, ihre Samen des Friedens zu bringen.
Jetzt bist du die Stadt, die die Völker empfängt, wie die Propheten es schauten.
Jetzt bist du geehrt, weil du das Kriegsgeschäft beendest.
Jetzt bist du geachtet, weil du Frieden lehrst.
Jetzt schaut die Völkergemeinschaft voller Erwartung auf dich.
Jetzt bist du Frieden, Schönheit, Spiel und Tanz.
FREUE DICH, JERUSALEM, IM EWIGEN JETZT.

Die fünf Schritte des Jerusalem-Rituals – die Vergangenheit ehren, das Licht im Dunkeln ansprechen, die Lichtkräfte rufen, die neue Art des Übergangs erbitten, Jerusalem als Stadt des Friedens begrüßen – sind ermächtigende, neue Wirklichkeit schaffende Impulse. Sie werden von vielen Menschen auf verschiedenste Lebenssituationen angewandt. Wenn wir die Gottheit in ihrer frei gewählten Ohnmacht in allem Dunkel ansprechen, erwachen wir zur priesterlichen Tätigkeit.

Meditative Übung

Das Kosmische Kreuz der Heilung

1. **Ich ehre die Vergangenheit**
Geehrt und gewürdigt seien alle Ereignisse und Menschen in meiner Lebensgeschichte, die mir geholfen haben zu werden, was ich bin.
   - Geehrt und gewürdigt sei der Sternenstaub, den ich von Anfang der Zeiten in mir trage.
   - Geehrt und gewürdigt sei das Leben der ganzen Evolution, aus der ich hervorgegangen bin.
   - Geehrt und gewürdigt seien die Generationen, die vor mir lebten, deren Gene, Fähigkeiten und Muster ich in mir trage.
   - Geehrt und gewürdigt seien meine Eltern, die mir das Leben schenkten.
   - Geehrt und gewürdigt seien meine Geschwister und Familienangehörigen.
   - Geehrt und gewürdigt seien die Lehrerinnen und Lehrer, die mir halfen, meine potenziellen Möglichkeiten zu Fähigkeiten zu entwickeln.
   - Geehrt und gewürdigt seien die Freunde und Freundinnen, die mir Weggefährten waren und sind.
   - Geehrt und gewürdigt seien die Lebensmuster, die mir lange Zeit gedient und meine Existenz gesichert haben ...

2. **Ich spreche an das Licht Gottes in allem Dunkel**
Gott ist gegenwärtig, oft verborgen und nicht erkannt, als pervertierte Sehnsucht, Gott zu sein, in der Unverbundenheit zu IHM:
   - im aufgeblähten Ego,
   - in allem, was im Schatten liegt,
   - in allen Verletzungen meiner Vergangenheit,
   - in allem, wo ich schuldig geworden bin,
   - in allem, wo ich versagt habe und was nicht gelungen ist,

- in Angst und Resignation,
- in Furcht und Hass,
- in allem, was das Leben zerstört,
- in allem, was schmerzt,
- in allem, was nach Heilung schreit,
- in allen Versuchungen und Irrtümern,
- in aller pervertierten Macht von meiner Geburt bis heute.

3. **Ich verbinde mich mit allen Kräften meiner Lichtfamilie**
Ich rufe alle geistigen Wesen, Heiligen und Verstorbenen,
mit denen ich ein Kraftfeld bilde:
   - Ich bin bereit, mich mit Eurer Weisheit und Hingabe zu verbinden, mit Eurer Leidenschaft und visionären Kraft.
   - Ich bin bereit, die Samen für eine menschliche und friedvolle Menschheit zu wecken, die Ihr gesät und die ruhen im Gedächtnis der Erde.
   - Ich bin bereit, Eure Lichtspuren aufzunehmen und umzusetzen, eine Spur des Lichtes zu legen für die Zukunft.

4. **Ich erbitte die neue Art des Übergangs**
Jetzt ist die Zeit, in der alte Muster aufgelöst und neues Verhalten gelebt wird. Jetzt ist die Zeit, in der der alte Mist
zum Kompost wird für das Neue.
Komm, Licht der Wandlung, göttliches Licht: dass jede Wunde sich schließe und zur Kraftquelle werde, dass jede Verletzung heile und zur Gabe werde. Ermächtige uns zur neuen Form des Übergangs, damit in spielerischer Leichtigkeit die Wandlung sich vollzieht:
   - von egozentrischer Macht zur neuen Macht der Liebe,
   - von der Opferhaltung zum schöpferischen Sein,
   - von Demütigung und Angst zu schöpferischer Lust an der Vielfalt,
   - vom inneren Widerstand zur inneren Freiheit,
   - von Tod und Erstarrung zu überschäumendem Leben.

5. Ich lege Lichtspuren in die Zukunft und verankere sie im ewigen Jetzt
Aus meiner göttlichen Quelle lasse ich mir Bilder aus der Zukunft zufallen, Bilder von neuer Schöpfung, von erlösten Mustern, von innerer Freiheit, von versöhnten Beziehungen, von transformierten traumatischen Erlebnissen, von verwirklichter Berufung, von gelungenem Leben. Ich verbinde mich mit deren Kraft.
- Jetzt bin ich erlöst von alten Mustern.
- Jetzt bin ich geliebt und geachtet von den Menschen ..., mit denen ich unterwegs bin.
- Jetzt strahle ich Liebe und Güte aus.
- Jetzt weiß ich, wer ich bin ...
- Jetzt weiß ich, weshalb ich auf dieser Welt bin ...
- Jetzt bin ich Frieden, Freude und Liebe.
- Jetzt ...

Meine Schwächen – Tore zu meiner Kraft

Echte Vereinigung führt nicht zur Auflösung des Personseins, sondern zum größeren Bei-sich-Sein.

Dieser schon einige Male zitierte Satz von Teilhard de Chardin hat mich seit meinem vierundzwanzigsten Lebensjahr geprägt und tut es noch immer. Vereinigung auf der Ebene der Selbstreflexion, das heißt auf der Ebene des Menschen, bedeutet die wachsende Fähigkeit zu mehr Nähe und Miteinander. Schaue ich auf die letzten vierzig Jahre meines Lebens zurück, so erkenne ich, dass alle meine Aktivitäten ein Erproben der Teilhardschen Behauptung, dass »Vereinigung differenziert«, zum Ziele hatten.
Ein besonderes Lernfeld für diese Forschungsarbeit wurde mir 1976 geschenkt, als das Katharina-Werk, die religiöse Gemeinschaft, in die ich

mit siebenundzwanzig Jahren eingetreten bin, vom eidgenössischen Justiz- und Polizeidepartement angefragt wurde, ein Therapieheim für besonders schwierige Jugendliche zu eröffnen. Ich bekam damals von meiner Gemeinschaft den Auftrag, ein Konzept für diese Forschungsarbeit zu entwerfen. In meiner Arbeit mit Jugendlichen war mir schon seit Jahren bewusst, dass »schwierige Jugendliche« Symptomträger für ungelöste Gesellschaftsprobleme sind.

Was für ein pädagogisch-therapeutisches Angebot brauchten also magersüchtige, drogenabhängige, präpsychotische und suizidgefährdete junge Frauen, die mit ihren Symptomen zeigten, dass sie in dieser immer schneller und komplexer werdenden Welt nicht leben wollten? Mir schien die Anfrage, ein pädagogisch-therapeutisches Konzept für diese Jugendlichen zu entwickeln, eine große Chance, um auszuprobieren, was Teilhard de Chardin behauptete: dass über mehr Nähe und Miteinander noch unentfaltete »Personalisationsreserven« in uns geweckt werden können.

Folgende Fragen leiteten mich daher bei der Konzeptentwicklung:
Stimmt es wirklich,
- dass über Vereinigung, sprich tiefere Begegnungen unter den verschiedensten Menschen, noch brachliegende Personalisationsreserven, das heißt brachliegende Kräfte und Begabungen geweckt werden?
- dass echte Vereinigung, das heißt tiefere psychische Nähe, nicht zur Auflösung des Personseins, sondern zu größerem *Bei-sich-Sein* führt?
- dass durch das Wachsen unserer Beziehungsfähigkeit eine klarere Identität entsteht?

Mit diesen Fragen im Hintergrund entwarf ich in Zusammenarbeit mit dem ganzen Team ein pädagogisch-therapeutisches Konzept für schwersterziehbare Jugendliche, in dem die dort arbeitenden und lebenden Erwachsenen (Erzieherinnen, Lehrerinnen, Therapeutinnen, Ärztinnen) bereit sein würden, selbst neue Kommunikationsformen zu lernen. Kommunikationsformen, die mehr an Nähe und Begegnung zulassen, als dies üblicherweise in pädagogisch-therapeutischen Institutionen der Fall war. Mir war klar, dass die »integrierende Vereinigung«, die ein Hauptelement des Konzeptes darstellte, eingeübt werden musste und es daher einen Rahmen brauchte, der dieses gemeinsame und kontinuierliche Einüben gewährleistete. Neuer Wein kann nicht in alte Schläuche gegossen werden. Aus diesen Überlegungen heraus entstanden folgende strukturelle und pädagogische Elemente:

Strukturelle Elemente
- Ein pluralistisches Arbeitsteam, das heißt die Zusammenarbeit von Menschen verschiedenster weltanschaulicher Provenienz.
- Die Auflösung der hierarchischen Leitung zugunsten einer kollegialen Leitung.

Elemente zum Einüben neuer Kommunikationsformen
Dazu heißt es im Konzept: »Die kollegiale Leitung ist das ›Instrumentarium‹, das ermöglicht, eine Gemeinschaft zu bilden, in der die in der Institution tätigen Erwachsenen jene Grundhaltung fördern und entwickeln werden, die für den pädagogisch-therapeutischen Prozess der Jugendlichen, die sie betreuen, ausschlaggebend sind. Konkret bedeutete dies:

- Erlernen von Transparenz, das heißt Erlernen eines Kommunikationsstils, in dem die persönlichen Einstellungen zu Werten und Normen (Menschenbild, Weltanschauung usw.) transparent werden.
- Erlernen von Toleranz, das heißt Erlernen der Zusammenarbeit im pluralistischen Arbeitsteam, mit der dazu erforderlichen Bereitschaft, trotz Verschiedenheit um eines gemeinsamen Zieles willen echte Kompromisse zu schließen.
- Erlernen von konstruktiver Konfliktlösung, das heißt Erlernen der Fähigkeit, Spannungen und Konflikte auf konstruktive Weise auszutragen.
- Erlernen von gemeinsam geteilter Verantwortung, das heißt Erlernen jener vertieften Weise von Engagiertsein, welche die Rechte und Pflichten einer Leitung ausmachen.

Im Tages-, Wochen- und Jahresablauf waren Zeiten eingeplant, in denen das Leitungsteam anhand der vier Lernschritte die neuen Kommunikationsformen einübte und zugleich die gemachten Erfahrungen reflektierte.

Reaktionen auf mehr Nähe und Miteinander

Schon nach zwei Jahren gemeinsamen Weges, gemeinsamer Einübung und gemeinsamer Reflexion waren sich die MitarbeiterInnen des Therapieheims einig, dass das Erlernen neuer Kommunikationsformen, das heißt das Einüben von mehr psychischer Nähe und mehr Miteinander am Arbeitsplatz eine große Chance ist. Die Möglichkeit, während der täglichen Arbeit Neues zu lernen, lockte denn auch seit der Entstehung der Institution viele MitarbeiterInnen an. Und dies trotz der Erfahrung, dass das Leitungsmodell, in dem die »integrierende Vereinigung« erprobt wurde, in jedem Beteiligten eine psychische Umstrukturierung auslöste, die im Übergang Gleichgewichtsstörungen und Schmerzen mit sich brachte, denn alte Prägungen gegenüber Autoritäten wurden »aufgeweicht« und verlangten nach Neustrukturierung.

Die größere Nähe löste darüber hinaus, um nur zwei Beispiele zu nennen, sowohl symbiotische wie auch erotische Bedürfnisse aus, die ebenfalls der neuen Integration bedurften. Die gemeinsame Reflexion des Erlebten stärkte im Team aber je neu die Überzeugung, dass es keine größere Ganzheit und keine neue Synthese ohne die dazugehörenden psychischen Umstrukturierungsprozesse gibt. Die Behauptung, dass über die »integrierende Vereinigung« brachliegende »Personalisationsreserven« in uns geweckt werden, wurde für viele zur Erfahrung!

Diese »Personalisationsreserven« zeigten sich als größere Selbstkompetenz, die sich in größerer Lebendigkeit, Kreativität und Tragfähigkeit, größerer Sinnfindung auch in schwierigen Situationen und in größerer Freude am Leben allgemein äußerten. Die Mitglieder des Therapieheimes beurteilten sich nach einiger Zeit durchwegs als selbstbewusster, selbständiger, belastbarer und kreativer als vorher.

Trotzdem entstand nach zwei Jahren eine große Krise in der neu gegründeten Institution. Immer wieder neu entstanden Krisen im Leitungsteam, die wir so in hierarchisch geführten Institutionen nicht kannten. Die neue Nähe löste Rollendiffusionen und eine so große Konfliktanfälligkeit im Team aus, dass ich mich manchmal fragte, ob wir wieder in die alten, hierarchischen Strukturen zurückmüssen. Jedes Mal, wenn ich solche Gedanken im Team äußerte, lehnten alle diesen »Rückschritt« ab, gleichzeitig waren sich aber auch alle einig, dass wir in der Arbeitszeit zu viel Energie für unsere eigenen Prozesse brauchten.

In dieser Zeit begann ich das erste Mal am Prinzip »echte Nähe führt nicht zur Auflösung des Personseins, sondern zum größeren Bei-sich-Sein« zu zweifeln. Genau diese größere Nähe schien uns zu überfordern. Was passierte mit uns? Wie konnten wir lernen, uns am gleichen Tag in verschiedenen Rollen zu begegnen, ohne Identitätsverlust? War eine erneute Hierarchisierung unserer Leitungsstruktur unerlässlich?

Unsere Schwäche als Weg zur Krisenbewältigung

Es war wiederum nachts, als mir eine Deutung unserer Krise geschenkt wurde, in der mir eine große Chance für uns alle verborgen schien. Ich verstand plötzlich, dass durch die familienähnliche Nähe, die wir am Arbeitsplatz lebten, in uns allen alte, unerlöste Familienmuster aktiviert wurden. Mit anderen Worten: Wir alle übertrugen unsere alten Familienmuster auf die »neue Familie«, auf das therapeutische Team.
Eine Konsequenz dieser Einsicht war, dass ich am Tag darauf das ganze Team zusammenrief und ihnen die mir zugefallene Deutung unserer Krise vorlegte. Und noch einmal stellte ich die Frage, ob wir in klare Hierarchien zurückkehren sollten. Die Antwort des Teams war ein eindeutiges »Nein«. Nachdem wir unsere Krise durchschaut hatten, wuchs die Motivation im Team erneut, die »integrierende Vereinigung« miteinander zu lernen. Wir stellten uns folgende Fragen:

- Könnte das pädagogisch-therapeutische Team, das zu einer neuen Familie geworden war, der Ort sein, wo unsere alten Verletzungen Heilung finden?
- Könnte das pädagogisch-therapeutische Team, das selbst in einem bewussten Prozess der Transformation alter Muster stand, zum Modell für die uns anvertrauten Jugendlichen und deren Heilungsprozess werden?
- Könnte die »neue Familie« sowohl für das Leitungsteam wie auch für die Jugendlichen zu dem Ort werden, wo miteinander Versöhnung mit der eigenen Geschichte und mit dem eigenen Gewordensein möglich wird?
- Könnte es sein, dass Jugendliche und Erwachsene miteinander und voneinander lernen?

Ich erinnere mich noch immer mit Staunen an jenen Vormittag, als wir uns entschieden, dieses Wagnis miteinander einzugehen. Und ich erinnere mich mit Dankbarkeit an jenen jüngeren Mitarbeiter, der mit strahlenden Augen sagte: »Wenn wir das miteinander schaffen, wenn Jugendliche und Erwachsene voneinander lernen, dann werden unsere Schwächen Tore zu unserer Kraft.«

Während ich dieses Buch schreibe, bereitet das Therapieheim Sonnenblick sein dreißigjähriges Jubiläum vor. Jede Generation von Mitarbeitern und Jugendlichen hat in diesen dreißig Jahren mit vielen Höhen und Tiefen das »Prinzip der Integrierenden Vereinigung« geübt und zur Erfahrung beigetragen, dass echte Nähe nicht zur Auflösung des Personseins, sondern zum größeren Bei-sich-Sein führt.

Die Frage, die mich vor fast vierzig Jahren so bewegte, dass sie mein ganzes Leben zu beeinflussen begann, ob es wirklich stimmt, dass echte Vereinigung, also tiefere psychische Nähe, nicht zur Auflösung des Personseins, sondern zu größerem Bei-sich-Sein führt, ist für mich heute keine Frage mehr. Wer die Mühsal der Vereinigung auf sich nimmt, wird tief beschenkt. Nicht nur werden unsere brachliegenden Personalisationsreserven geweckt. In der Vereinigung, die mehr Nähe und Miteinander zulässt, ist es möglich, unsere tiefsten Verletzungen zu heilen. Wir sind nicht dazu verdammt, die alten Verletzungen von Generation zu Generation weiterzugeben. Der Zyklus des Bösen kann unterbrochen werden. Wo dies geschieht, wird die Kernverletzung, der »Sprung in unserer Platte«, zu einem einmalig schönen Ton im Universum. Jeder Mensch ist ein einmaliger Ausdruck des Universums. Jeder und jede von uns bringt mit seinem »Sprung in der Platte« einen Misston in die Sinfonie des Kosmos, was für niemanden ohne schmerzliche Folgen bleibt. Der transformierte Sprung wird aber zu einem besonderen Ton im Universum, der zu klingen beginnt, wo immer ein Mensch sich mit seinem Familienmuster versöhnt hat und bereit ist, auf die Fortpflanzung von Gewalt zu verzichten.

In meiner jetzigen Arbeit zum Thema »Wie dienen wir dem großen Übergang?«, wie werden wir zu »Priesterinnen und Priester der Kosmischen Wandlung?«, spielen die im Therapieheim Sonnenblick gemachten Erfahrungen zum Thema der »integrierenden Vereinigung« eine wichtige Rolle. Wo sich Menschen auf ihre Schwächen einlassen, werden diese nicht nur zu Toren ihrer Kraft. Die eigene Kernverletzung ist die Grundlage für unsere Kernkompetenz, der Schlüssel zur Entfaltung unseres besonderen Charismas und unserer Einzigartigkeit.

Von der Kernverletzung zur Kernkompetenz

Als das Team des Therapieheims Sonnenblick nach der großen Krise sich bewusst entschied, eine kollegiale Leitungsstruktur miteinander einzuüben – und die dazugehörenden neuen Kommunikationsformen (Transparenz, Toleranz, Austragen von Spannungen und Konflikten auf konstruktive Weise, geteilte Verantwortung) miteinander zu lernen, wurden alle an diesem Prozess Beteiligten mit neuer Erkenntnis beschenkt: Die Erkenntnis, dass durch tiefere zwischenmenschliche Nähe in einer Gruppe die noch nicht erlöste Familienkonstellation aktiviert wird und dass diese Aktivierung des alten Musters auch die Möglichkeit einer neuen Prägung beinhaltet. Auf diesem Weg entdeckten wir Folgendes:

- In unserem *Kernschatten*, der die *Schutzmauer* um unsere größte Verletzung ist, ist am meisten von unserer schöpferischen Energie gebunden. Diese schöpferische Energie liegt nicht nur brach, sondern sie manifestiert sich, wird sie nicht bewusst und transformiert, in ständigen Wiederholungen dessen, woran wir gelitten haben. Was uns angetan wurde, tun wir nun anderen an.

- Um den *Kernschatten* zu heilen und die darin festgehaltene, schöpferische Energie zu befreien, müssen wir unsere *Kernverletzung* kennen lernen. Es ist wichtig, dass wir möglichst genau um den »Sprung in unserer Platte« wissen.

- Zum Kennenlernen der *Kernverletzung* gehört immer das nochmalige Zulassen der Schmerzen und Aggressionen, welche die Kernverletzung ausmachen.

- Die *Heilung* und *Transformation* geschieht aber nur, wenn wir nicht beim Kennenlernen der Kernverletzung, das heißt in der *Opferhaltung* stehen bleiben. Es geht nun darum, uns bewusst zu werden, dass wir unbewusst unsere Umgebung für die Verletzungen unserer Kindheit verantwortlich machen und daher oft in unzumutbarer Weise überfordern und belasten. Wir bestrafen dann unsere Umgebung mit genau den gleichen Reaktionen, an denen wir selbst gelitten haben. Die wirkliche *Heilung* und *Transformation* des *Kernschattens* ist nur möglich, wenn wir annehmen, dass wir im unbewussten Ausleben unserer Kernverletzung selbst zum Täter und zur Täterin werden.

- Das *Annehmen unseres Täterseins*, die Bereitschaft, unsere Mitmenschen für unsere Verweigerungen oder Projektionen um Verzeihung zu bitten, ist ein erster Schritt zur *Transformation*. Die Heilung beginnt zwar schon beim Erspüren der Kernverletzung! Die *Transformation* in etwas *Neues* beginnt aber erst mit der *bewussten Bejahung*, dass wir nicht nur Opfer, sondern auch Täter sind, und dass es zum Erwachsenwerden gehört, auch für unbewusst gelebte destruktive Akte die Verantwortung zu übernehmen.

- *Der transformierte Kernschatten ist der Ort, wo unser Charisma geboren wird.* Als wir dies entdeckten, war Jubel in uns! Unsere *größte Verletzung* und *Schwäche* ist das *größte Einbruchstor Gottes*. Wo immer ein Mensch seine Grundverletzung kennen gelernt hat und um seine unbewussten Schutzmauern (Kernschatten) Bescheid weiß, wächst in ihm eine Liebe zum verletzten Kind in jedem Menschen. Wo immer jemand bewusst darauf verzichtet, seine Umgebung für seine unbefriedigten Bedürfnisse in seiner Kindheit verantwortlich zu machen und sie zu bestrafen, wenn diese Bedürfnisse nicht erfüllt werden, wird sie Spezialistin im Suchen und Finden von neuen Wegen des Miteinanders. Er/sie kann dann diese Weise des Suchens und Findens auch anderen Menschen zeigen. Damit wird die Kernverletzung zum Segen und der geheilte Kernschatten wird zum Charisma.

So verschieden die Prozesse der Einzelnen waren, der Weg von der Bewusstwerdung des *Kernschattens* über das Durchleben der Kernverletzung, das Loslassen der Opferhaltung und das Akzeptieren des Täterseins erwies sich als Grundmuster, dem niemand ausweichen konnte. Immer neu waren wir daher in unserer tiefsten Freiheit eingefordert, die *Mühsal der Transformation* auf uns zu nehmen, um neues Leben entstehen zu lassen. Wir machten die Erfahrung, dass dies nur aus der spirituellen Mitte heraus möglich ist. So notwendig alle psychologischen Hilfen waren, nur aus spiritueller Quelle erwuchs die Kraft, die Opferhaltung loszulassen und die Emanzipation zum Tätersein zu vollziehen. Nur aus spiritueller Quelle ist es möglich, *Neues* im Umgang mit uns selbst und

den Mitmenschen einzuüben, das den Zyklus des Dunkeln, das immer neu Dunkles gebiert, aufhebt.
Das Konfliktlösungsmodell auf S. 129 als Besinnungstext zu finden hat uns geholfen und hilft uns noch immer mit den Krisen, die zur integrierenden Vereinigung gehören, umzugehen.

Vom Kind Gottes zur Partnerin und zum Partner Gottes

Der in diesem Kapitel angedeutete Prozess der »Graduierung« vom Kind Gottes zur Partnerin und zum Partner Gottes, ist eine Initiation, die weltweit stattfindet. Meistens erfahren die Menschen, dass sich ihre Gebets- und Meditationspraxis plötzlich von innen her zu verändern beginnt. Lassen sie sich auf ihre Tiefenimpulse ein, so ist es, wie wenn dadurch die Türe zu einem neuen, vorher noch nie betretenen Raum geöffnet würde – und als würde der erste Schritt in diesen neuen Raum ganz von selbst neue Schritte nach sich ziehen. Und alle diese neuen Schritte haben etwas mit unserem inneren Entwurf zu tun – sind eine Manifestation unserer Einzigartigkeit.
Als ich persönlich begann, das Licht Gottes in allem Dunkel anzusprechen, hatte ich keine Ahnung, wohin mich das führen würde. Eine der mich am tiefsten berührenden Folgen dieser Art des Gebetes ist die schon erwähnte Erfahrung der »Kenosis Gottes«, der freiwillig gewählten OHN-MACHT des Ewigen in seiner Schöpfung. Die Erkenntnis, dass Gott sich in der weiteren Evolution des Kosmos vom Menschen abhängig macht, nimmt mir noch immer fast den Atem. Und doch sehe ich, wie diese Erkenntnis in sehr vielen und ganz verschiedenen Menschen zu erwachen beginnt – ganz unabhängig von ihrem religiösen Hintergrund. Die den Menschen in der Selbstentäußerung Gottes zugesprochene Seinsmacht löst paradoxerweise große Demut aus, bei all den Menschen, die sich in diesem Prozess befinden. Seinsmacht und Demut scheinen zusammenzugehören.
Das täglich neu gesprochene *große Ja* zu der in uns stattfindenden Transformation und Graduierung scheint den Prozess zu beschleunigen und

Text zur Besinnung

- Ich bin eins mit dem Universum und mit jedem Menschen! Aus dieser Haltung heraus verbiete ich mir, jemals einen Menschen in der Tiefe meines Herzens zu verurteilen oder »abzuschneiden«.
- Ich lasse Gefühle der Frustration (Trauer, Schmerz, Enttäuschung, Zorn, Ärger) in mir zu.
- Ich verdränge meine negativen Affekte nicht, sondern lasse sie zu und nehme sie wahr.
- Ich lerne, dass ich mehr bin als meine Gefühle. Ich habe Angst, Zorn, Aggression, aber ich bin nicht meine Angst, mein Zorn, meine Aggression.
- Ich lerne, mich von meinen sozial destruktiven Gefühlen zu distanzieren.
- Ich lerne, Gefühlen der Frustration in sozial-konstruktiver Form Ausdruck zu geben, in all meinen Beziehungen (Familie, Bekannten- und Freundeskreis, Arbeitsplatz etc.).
- Ich übe mich in der positiven Gedankenkontrolle. Das Hängenbleiben in Gefühlen der Frustration verbiete ich mir, indem ich den jeweiligen, positiven Gegenpol in mir aktiviere, beispielsweise Licht, Liebe, Heil und Frieden, mit mir und mit N.N.
- Ich erbitte Segen und Frieden für mich und meine KonfliktpartnerInnen.
- Ich verpflichte mich, Konflikte nicht einfach stehen zu lassen.
- Ich spreche schwierige Situationen an, decke negative Spannungen auf.
- Ich vermeide falsche Harmonisierungen.
- Ich suche die stimmige Nähe und Distanz in Beziehungen zu finden.
- Ich bin bereit, nicht nur die »barmherzige«, sondern auch die »fordernde Liebe« und den »lebensspendenden Druck« zu leben, wenn dies nötig ist.
- Ich lerne mein eigenes, sozial-negatives Verhalten zu bewerten und bitte um Verzeihung, wenn ich gegen die Liebe gefehlt habe.

zu intensivieren. Das im letzten Kapitel eingefügte Ritual für Jerusalem ist ein Ausdruck dieser Art der Graduierung. Nach dem Ansprechen des Lichtes Gottes in allem Dunkel entstand plötzlich eine Gebetsform, die ich mit *spiritueller Feldbildung* umschreiben möchte. Der fünfte Schritt des Rituals, die in der Begrüßung der Stadt Jerusalem im Hier und Jetzt gipfelt, ist eine Umsetzung der Tatsache, dass unsere Gedanken und Gefühle nicht nur die Gegenwart, sondern auch die Zukunft beeinflussen. Unsere Gedanken, Gefühle und unsere Absichtserklärungen haben formbildende Wirkung. Und es scheint so, als würde das Universum auf jede klare Absichtserklärung reagieren. Je klarer unsere Intention, umso eher richten sich die potenziellen Möglichkeiten und Kräfte aus und werden Wirklichkeit.

Wenn wir also in der Gegenwart Jerusalem als Stadt des Friedens bejahen, legen wir Lichtspuren für die Zukunft. Wir leben Gegenwärtigung und aktivieren in der Gegenwart die potenziellen Möglichkeiten in eine neue Richtung. Das Jerusalem-Ritual mit den fünf Schritten – die Vergangenheit ehren, das Licht im Dunkel ansprechen, uns mit den Lichtkräften verbinden, die neue Art des Übergangs erbitten, Jerusalem als Stadt des Friedens begrüßen – ist keine Frucht rationaler Analyse und Planung. Die fünf Schritte sind inspirierte Inhalte. Die Analyse der Abfolge des Rituals geschah erst im Nachhinein, als sich das Ritual den Weg in die Welt eroberte. Innerhalb von anderthalb Jahren wurde es in elf Sprachen übersetzt. Und ich weiß, dass Menschen rund um den Planeten in deutscher, französischer, englischer, hebräischer, arabischer, tagalog (Philippinen), serbokroatischer, spanischer, portugiesischer und italienischer Sprache Jerusalem als Stadt des Friedens begrüßen mit den Worten:

Freue dich, Frau Jerusalem, denn:

Jetzt strömen die Menschen zu dir, ihre Samen des Friedens zu bringen.
Jetzt bist du die Stadt, die die Völker empfängt, wie die Propheten
es schauten.
Jetzt bist du geehrt, weil du das Kriegsgeschäft beendest.
Jetzt bist du geachtet, weil du Frieden lehrst.
Jetzt schaut die Völkergemeinschaft voller Erwartung auf dich.
Jetzt bist du Frieden, Schönheit, Spiel und Tanz.

Freue dich, Jerusalem, im Ewigen Jetzt.

Der Weg vom Ansprechen des Lichtes Gottes in allem Dunkel der Welt, bis zum Legen von Lichtspuren für die Zukunft in der Gegenwart, ist Ermächtigung vom Kind Gottes zur Partnerin und zum Partner Gottes. Gott lässt Frieden auf dem Planeten Erde nicht ohne das aktive Mittun des Menschen entstehen. Des Menschen, der weiß, dass die göttliche Intelligenz in jeder von unseren Zellen lebt und auch den Organismus Menschheit beseelt. Des Menschen, der weiß, dass der bekannte Visionär Ken Carey Recht hatte, als er sagte: »Die Intelligenz, die die Verschiedenheit aller Zellen des menschlichen Körpers zu einem Orchester fügen kann, vermag genauso gut die menschliche Familie zu dirigieren.«
Aber Gott scheint seine Intelligenz für die Schaffung von Gerechtigkeit und Frieden auf dem Planeten Erde nicht am Menschen vorbei, sondern in und durch den Menschen einsetzen zu wollen.
Ein wichtiger Schritt für mich persönlich war die Erkenntnis, dass die vor dreißig Jahren von mir erfahrenen Zusammenhänge von *Kernverletzung* und *Kernkompetenz* nicht nur auf der individuellen Ebene, sondern auch auf der kulturellen und nationalen Ebene angewendet werden können. Jedes Volk hat seine spezifischen Kernverletzungen – sie sind in Mythen, Märchen und religiösen Bildern festgehalten. Es war für das Team eines Peace-Camps im Fernblick, einer der Institutionen des Katharina-Werks, in der explizit Versöhnung zum Programm gehört, eine prägende Erfahrung, als jüdische, christliche und muslimische TeilnehmerInnen sich auf die Geschichte von Abraham, Sarah und Hagar einließen. Auf jene Geschichte, in welcher Abraham, der Urvater der drei monotheistischen Religionen, Beziehungsdramen mit den Müttern seiner zwei Söhne Ismael und Isaak nicht lösen konnte und Hagar mit ihrem Sohn Ismael aus dem Hause verwies und in die Wüste schickte. Beim Einlassen auf diese Geschichte entdeckten die Teilnehmenden, wie verschieden in diesen drei monotheistischen Religionen und Völkern diese *Kernverletzungen* gedeutet werden – und welche Wirkung diese Deutungen über Generationen hinweg auszulösen vermögen.
Und es war wie ein heilender »das harte Erdreich« erlösender Frühlingsregen, als junge Christinnen, Muslime, Juden und Jüdinnen miteinander ihre Vorfahren Abraham, Sarah und Hagar mit lauter Stimme um Hilfe und Beistand baten bei der Auflösung der alten Familienkonflikte, bei der Transformation der gegenseitig zugefügten Kernverletzungen in eine Kernkompetenz, die dem Frieden in der Welt dient.

Text zur Besinnung

Dein Leib ist göttlicher Stoff

Nichts kann dich zerstören (sagt Christus), nicht einmal der Tod ...
Dein Leib ist göttlicher Stoff
Herz von Meinem Herzen
Stoff von Meinem Stoff
Geist von Meinem Geist
Alles, was west – ist
Leib von Meinem Leib
Herz von Meinem Herzen
Stoff von Meinem Stoff
Geist von Meinem Geist
Bist du bereit von deinem Gegenüber zu sagen:
Du bist Herz von meinem Herzen
Du bist Stoff von meinem Stoff
Du bist Geist von meinem Geist?
Alles, was west – hat Teil an mir ...
Nicht nur deine Liebe –

Und es war für mich noch einmal ein Höhepunkt dieser priesterlichen Tätigkeit, als ich in Jerusalem erleben durfte, wie sich ganze Siedlerfamilien auf diesen Prozess der Umpolung von der Kernverletzung zur Kernkompetenz einließen, um am Schluss des Wochenendes zusammen mit Menschen aus Europa das Versprechen abzulegen, alles ihnen Mögliche zu tun, um an der Umpolung des *Kernschattens* in ein Charisma für die Welt zu arbeiten.

Alle diese Phänomene sind für mich Ausdruck der stattfindenden Graduierung. Ausdruck des Erwachens zum Bewusstsein: Wir alle sind Mitschöpferinnen und Mitschöpfer Gottes. Wenn wir achtsam auf die Zeichen am Weg blicken, sehen wir das Aufbrechen der Berufung, Priesterinnen und Priester der kosmischen Wandlung zu sein, fast täglich. Ich

nein: auch dein Feind.
Bist du bereit,
Dich in die Tiefe zu wagen?
Dort, wo du tödlich verletzlich bist?
Weil du weißt, dass niemand
deinen göttlichen Kern
zerstören kann –
nicht einmal der Tod?
Bist du bereit,
in deiner Tiefe anzunehmen,
dass Dein Gegenüber
denselben göttlichen Kern
den unzerstörbaren hat –
den niemand zerstören kann,
nicht einmal der Tod?

Du bist verantwortlich
für diesen göttlichen Kern!
Lass ihn also werden
zur Quelle von Freude und Kraft!

kenne Männer und Frauen, die in sich die Berufung spüren, die Erde zu heilen. Sie reisen rund um den Globus und befreien die Erde durch ergreifende Rituale von den Schlacken ihrer Eroberungen, ihrer Kriege, von den Auswirkungen aller pervertierten Macht. Ich kenne Männer und Frauen, die in sich die Berufung spüren, an der Transformation der Gewalt in all ihren Ausdrucksformen in heilbringende, reinigende und erneuernde Kraft zu arbeiten.
Sie, liebe Leserin und lieber Leser, möchte ich einladen, bewusst auf die Zeichen in Ihrem persönlichen Leben und um sich herum zu achten, welche die Graduierung vom Kind Gottes zur Mitschöpferin und zum Mitschöpfer Gottes einleiten. Wenn wir diese »Zeichen der Zeit« achtsam wahrnehmen, sind wir in tiefer Resonanz mit einem Herzenswunsch des

Jesus von Nazareth, der daran litt, dass die Menschen um ihn die »Zeichen der Zeit« nicht verstanden, weil ihre Herzen zu träge waren.
Jesus von Nazareth, der Christus, hat uns vor seinem Verlassen unseres Planeten diese Graduierung vorausgesagt. Er verheißt uns den Beistand seines Geistes und verspricht: »Ich bin in meinem Vater, ihr seid in mir und ich bin in euch. Wer an mich glaubt, wird die Werke, die ich vollbringe, auch vollbringen, und er wird noch Größeres vollbringen.«[68]
Sind wir bereit, uns auf diese Verheißung einzulassen? Sind wir bereit, die Graduierung vom Kind Gottes zur Partnerin und zum Partner Gottes an uns geschehen zu lassen und sie durch das *große Ja* zu bekräftigen?
Wenn wir jetzt Zustimmung und Dankbarkeit in uns spüren, dann ist das ein Zeichen, dass Gott uns einlädt, als Priesterinnen und Priester der kosmischen Wandlung sein Werk der Heilung und Erlösung aktiv mitzugestalten.

Die Erde – Ein Planet des Lichts

In jedem Kapitel dieses Buches war die Rede vom großen Übergang, in dem Erde und Menschheit sich befinden. Dabei versuchten wir die »Zeichen der Zeit« zu sehen, zu deuten und Wege zu finden, den großen Übergang in und um uns mitzugestalten. Wir stellten fest, dass überall transpersonale Fähigkeiten wie Hellfühlen, Hellhören und Hellsehen erwachen. Und wir spürten immer wieder der Frage nach, ob diese neuen Begabungen Zeichen eines evolutiven Fortschreitens, einer Transformation des menschlichen Wesens sind.

In diesem letzten Kapitel wollen wir einige Konturen des »neuen Landes«, in das wir geführt werden, noch einmal miteinander in den Blick nehmen und zu deuten versuchen. Jede sinnvolle Deutung gibt Sicherheit. Jede sinnvolle Deutung der Krise und des Chaos, in dem Menschheit und Erde sich befinden, gibt Ermutigung zum *goßen Ja*, auch wenn wir nicht genau wissen, wohin der WEG uns führt. Vertrauen, Mut, Demut und Freude sind die besten Orientierungshilfen beim Betreten des Neulandes. Persönlich lasse ich mich in diesem Abenteuer immer wieder inspirieren von jenen Menschen, die schon Schritte getan haben. Aurobindo und Mirra Alfassa von Indien haben sich wohl wie kaum sonst jemand mit dem Entwicklungspotenzial der menschlichen Spezies und dem evolutiven Durchbruch, der dem Menschen bevorsteht, auseinandergesetzt. Vermittelt durch Hugo Enomya Lassalle wurde ich mit ihrem Werk vertraut. Ihre Hauptbotschaft heißt: Die Erlösung ist physisch. In der Tiefe unserer Zellen schlummert das höchste Bewusstsein. Aurobindo und Mirra Alfassa haben uns einen Weg gespurt, auf dem wir weitergehen können. Ihre erfrischenden Botschaften heißen: Es ist unsinnig anzunehmen, dass das Leben in seiner jetzigen Gestalt am Ziel und dass die Entwicklung des menschlichen Körpers an der letzten Stufe angekommen ist.

Hätte man, als es nur die Materie und kein Leben gab, diesem Logiker Materie gesagt, dass bald Leben auf der Erde entstehen würde – in einem materiellen Körper –, hätte er ausgerufen: »Das ist unmöglich! Das kann nie geschehen! Was? In dieser Suppe von Elektronen, Gasen, chemischen Elementen, in diesem Haufen von Lehm, Steinen und leblosen Metallen? Wie wollen Sie das Leben dorthinein bringen? Werden die Metalle laufen lernen?«[69]

Ja, diese ursprüngliche Suppe von Elektronen, Gasen, chemischen Elementen, dieser Haufen von Steinen, Lehm und leblosen Metallen haben sich zum Leben entwickelt – und haben laufen gelernt! Für alle, die mit evolutivem Blick die Menschheitsgeschichte betrachten, ist die menschliche Natur mit ihrem enormen Wandlungs- und Wachstumspotenzial eine Offenbarung.

Immer wieder berührt vom noch schlafenden Potenzial des menschlichen Körpers, fragt Mirra Alfassa, die in den Körperzellen nach dem Schlüssel für die Spezies sucht:

Können wir hoffen, dass dieser Körper, unser gegenwärtiges Mittel der irdischen Manifestation, sich allmählich in etwas verwandeln kann, das ein höheres Leben ausdrückt, oder werden wir diese Form gänzlich aufgeben und eine andere annehmen müssen, die noch nicht auf der Erde existiert? Wird es ein stetiger Übergang sein oder das plötzliche Auftreten von etwas Neuem? ... Wird es der Spezies Mensch wie bestimmten anderen Arten ergehen, die von der Erde verschwanden?[70]

Wir leben in einer Zeit des Übergangs, in der Entscheidendes für die Weiterexistenz der Menschheit von uns selbst abhängt. Obwohl es uns schwerfällt, diese Art der Seinsmacht anzunehmen und zu bejahen, werden viele Menschen von der Stimme ihres Herzens immer tiefer in diese Verheißung und die dazugehörenden Erfahrungen eingeweiht.

Inspiriertes Wahrnehmen und Hören

In diesem Buch war häufig von *Intuition* und *Inspiration* die Rede. Es ging mir darum, anhand verschiedener Zeugnisse aufzuzeigen, dass heute ganz »normale Menschen«, die sich selbst nicht als besonders religiös bezeichnen, in eine Art der transpersonalen Öffnung hineingeführt, oft auch hineingestoßen werden. In den mystischen Traditionen der verschiedenen Religionen sind solche Phänomene als »paranormale Fähigkeiten« oder »Charismen« bekannt. Und es gibt entsprechende Umschreibungen und Klassifizierungen dieser Phänomene. Es sind Orientierungs- und Deutungshilfen. Wer heute aber die Chance hat, Menschen auf dem Weg nach innen zu begleiten, erfährt, dass viele der alten Einteilungen nicht mehr genügen, um die überall aufbrechende transpersonale Öffnung zu deuten und die neuen Kräfte zu integrieren.

Intuition, Inspiration und Interdimensionale Kommunikation begegnen heute Menschen, die sich zwar als Suchende erleben, aber oftmals keine religiös-konfessionelle Sozialisation hatten. So sind sie schon überfordert, wenn sie zum Beispiel Begriffe aus der christlichen Mystik zu diesem Thema hören. Begriffe wie »Via Purgativa«, »Unio« oder »Communio« sind ihnen vollkommen fremd.

Im Laufe der Zeit wird es nötig sein, für diese evolutive Entwicklung des Menschen eine neue, allgemein verständliche Sprache zu finden, die sowohl Orientierungshilfe ist wie auch ein Leitfaden zur so genannten Unterscheidung der Geister. Erwachen zur Multidimensionalität bedeutet zu wissen, dass der Kontakt mit den verschiedenen Lichtwelten zwar eine große Chance, aber nicht ganz ungefährlich für uns ist. Es gibt »verschiedene Wohnungen im Hause meines Vaters«, sagte Jesus. Es sieht so aus, als würden die Mitglieder der »verschiedenen Wohnungen« heute vermehrt in Kontakt miteinander kommen, um miteinander und voneinander zu lernen. Dieser Prozess ist eine Gnade, die außer großer Achtsamkeit und Sorgfalt auch der kontinuierlichen Anbindung an das Göttliche bedarf. Die folgenden Gedanken zu den Themen *Intuition* und *Inspiration* gewähren Einblicke in diesen Prozess des Suchens nach einer neuen Sprache für das Erwachen zu umfassenderer Wahrnehmung von uns selbst und der uns umgebenden Wirklichkeit. Was ist Intuition, was ist Inspiration, und wie unterscheiden sich die beiden Arten der Wahrnehmung und des »Hörens« voneinander?

Intuition und Inspiration

Intuition wird in den meisten Büchern über Bewusstseinsforschung als die Wahrnehmung des innersten Wesens eines Phänomens oder eines komplexen Sachverhaltes ohne den Akt der bewussten Reflexion beschrieben. *Intuition* wird meistens als »ahnendes Erfassen« der Tiefendimension der uns umgebenden Wirklichkeit erfahren. Ein Berührtwerden vom Geheimnis des Lebens, das wir sind und das uns umgibt.
Persönlich erlebe ich *Intuition* vorwiegend als eine Art der Gestimmtheit, zu der ich keinen Zugriff habe. Manchmal ist sie einfach da, manchmal nicht. Eine Gestimmtheit, in der die ganz alltäglichen Dinge zu »sprechen« beginnen, wir plötzlich ohne Vorbereitung das Wunder des Lebens spüren: dass ich ein Mensch bin, dass die Sonne mich wärmt, dass mich ein Kind anlächelt, dass eine Fliege auf meiner Hand Platz nimmt.
In der *intuitiven Gestimmtheit* öffnet sich die Tiefendimension des Alltäglichen von selbst. Sie kann schon da sein beim Erwachen am Morgen. Jedes Mal, wenn ich in dieser Stimmung der Gnade erwache, kommen mir die Worte der Eucharistiefeier »Erhebet Eure Herzen« in den Sinn.
Im Unterschied zu dieser Aufforderung in der heiligen Messe tue ich in der *intuitiven Gestimmtheit* nichts, um mein Herz zu erheben: Mein Herz und mein Gemüt sind von selbst offen für das Wunder des Lebens. In dieser Stimmung ist jeder Tag Geschenk.
In der Umschreibung der Antike zu dieser Form der Wahrnehmung erkenne ich mein eigenes Erleben und das vieler anderer am ehesten, wenn ich über den »Kuss der Musen« lese. In der Antike warteten die Dichter, Sänger, Heldenerzähler auf den »Kuss der Musen«, um zu schöpferischer Tätigkeit fähig zu sein.
Ich kann gut verstehen, dass die Menschen früherer Zeiten nach den Musen Ausschau hielten. Denn wenn die *intuitive Gestimmtheit* nicht da ist – wenn uns also die Musen nicht geküsst haben, wenn der Alltag grau und banal ist –, dann ist da immer eine Sehnsucht nach jener Öffnung, die Ausdruck des »erhobenen Herzens« ist.
An Tagen der *intuitiven Gestimmtheit* ist Arbeit immer freudig, kreativ und schöpferisch. Die Ideen fließen einem zu. Und trotzdem ist Arbeit nötig. Wenn ich an solchen Tagen einen Wochenkurs für ein Zen-Sesshin vorbereite, spüre ich zum Beispiel, wie ich die Gemeinsamkeiten und Unterschiede von Zen-Buddhismus und Christentum darlegen soll. Und

wenn ich die Liste der Kursteilnehmer und Kursteilnehmerinnen anschaue, dann kann es vorkommen, dass ich spüre, wie ich reden soll, damit die Vorträge Nahrung für sie werden. Aber trotz all dieser intuitiven Einsichten muss ich die Vorträge zusammenstellen, verschiedene Literatur bereitstellen und einfügen. *Intuitive Gestimmtheit* bewirkt freudiges und schöpferisches Arbeiten, aber sie nimmt uns die Mühe der Konzeption, Formung und Darstellung nicht ab. Ganz anders ist die Erfahrung der *Inspiration*. Hier gibt es kein Tun – hier ist alles Empfangen.

Ich erlebe große Unterschiede zwischen *intuitiver Gestimmtheit* und *Inspiration* sowohl in der Art des Empfangens von Informationen wie auch im energetischen Geschehen. Ist *Intuition,* wie eben dargestellt, meist ein Ausdruck von erhebender, freudiger Energie, so erlebe ich die *Inspiration* viel eher als starke, fordernde Energie im Solarplexus und im Herzen. Diese Energie wirkt wie ein »Existenzial-Müssen« und macht, dass ich mitten in der Nacht aufstehe, um Tagebuch zu schreiben. Im Gegensatz zur *intuitiven Gestimmtheit,* wo ich Themen, die in mir lebendig sind, spüre, habe ich beim *inspirierten Schreiben* keine Ahnung, welche Informationen sich in mir einen Kanal suchen. Ich spüre nur, dass sie drängend sind und dass ich den energetischen Druck erst wieder los werde, wenn ich frage: »Mein Herz, was willst du mir sagen?«

Wenn ich so frage und dann schreibend eine Botschaft erhalte, bin ich jedes Mal berührt von der Schönheit des Sprachduktus, von der liebenden und ermächtigenden Energie, die mir entgegenkommt. Aber, die Inhalte überfordern nicht selten mein Ich-Bewusstsein. Oft brauche ich, wie schon erwähnt, Monate bis Jahre, um für ein umfassenderes Verständnis und eine »Verleiblichung« der Texte reif zu werden. So ging es mir, als ich vor Jahren in Süd-Westfrankreich in den Ferien war. Ich genoss die wunderbare Natur und den Zustand des Nichtstuns in vollen Zügen. Mitten in einer üppigen Blumenwiese auf dem Bauch liegend, nahm ich den Duft von Lavendel, Thymian, frischem Gras und Basilikum mit dem ganzen Körper auf. Plötzlich begann die mir bekannte Energie im Solarplexus zu fließen. Und das laute, schnelle Herzklopfen zeigte mir, dass Informationen durchkommen wollen. So stand ich stöhnend auf und nahm mein Tagebuch, das ich fast immer bei mir habe, um »Es« schreiben zu lassen. Die Informationen, die mir geschenkt wurden, sind noch heute eine Überforderung für mich. Aber eine jener Überforderungen, die grenzerweiternde und identitätsstiftende Wirkung haben. Ich kenne Überforderungen, die Leben verhindern – und ich kenne Überforderungen, die neues Leben ermöglichen.

Die Botschaft, die mir die Erde damals von ihrer Bestimmung im Kosmos vermittelte, war für meinen Verstand schwer zu fassen. Aber sie berührte mein Herz an jenem Punkt, der seit meiner Kindheit am lebendigsten in mir lebt – das täglich tiefere Eintauchen in das Geheimnis dessen, was ich *Christuswirklichkeit* nenne. Und wieder einmal nahm ich mit Tränen in den Augen zur Kenntnis, dass meine Seele immer eine christozentrisch-trinitarische Sprache spricht, die seit einigen Jahren auch marianische Elemente enthält. Die ersten sieben Abschnitte der Botschaft habe ich schon verschiedene Male in Vorträgen und Artikeln und auch in diesem Buch gebraucht. Die übrige Botschaft, in der die Erde zu mir spricht, wage ich an dieser Stelle zum ersten Mal zu veröffentlichen:

Höre meine Stimme, Sohn der Erde. Höre mein Rufen, Tochter der Erde. Aus meinem Leib bist du geboren.

Höre meine Stimme im Rauschen der Winde, im Summen der Insekten, im Gesang der Vögel, im säuselnden Geflüster der Bäume.

Höre meine Stimme im Tosen der Gewässer, im Plätschern der Quellen, in der Melodie der Wale, Delphine und Schwertfische.

Lauscht auf meine schweigende Stimme, Söhne und Töchter der Erde. Ich spreche zu euch durch die Majestät der Berge. Ich spreche zu euch in der Lieblichkeit des Veilchens und in der Schönheit der Rose.

Mein Leib hat euch geboren in der spielerischen, sich selbst entäußernden und zu sich selbst heimkehrenden Liebe der Gottheit.

Höre Mensch, aus mir Erde bist du hervorgegangen in der schöpferischen Kraft des Logos. Ich, Erde, gebar dich, um durch dich erkannt zu werden. Du bist mein Ohr, mein Auge, meine Hand, mein Herz.

Ich bin der Ort im Universum, wo Himmel und Erde sich verbinden. Ich bin auserwählt, die Lichtmaterie hervorzubringen.

Das Wort der Liebe, in dem alle Milchstraßen, Galaxien und leeren Räume schwingen, in dem alle Ätherreiche atmen, in dem alle Wohnungen der Lichtwesen existieren, dieses Wort der Liebe ward durch mich, die Erde, Fleisch.

In Jesus bin ich getauft. In seinem, alle Feindschaft auflösenden Blut bin ich getränkt. In seiner Liebe bin ich gesegnet. In seinem Geist werde ich zum Herz des Universums.
Wisse, alle Feindschaft ist in seiner Taufe aufgelöst!

Höre Sohn der Erde, höre Tochter der Erde. In dir, durch dich erfüllt sich meine Berufung: Auferstehungsmaterie zu sein.

So nimm du an deine Berufung, mich als neue Schöpfung zu gebären.

Nimm an deine Auserwählung, den in mir schlummernden Samen der Lichtmaterie zu wecken.

Zieh an das Kleid des Lichts! Werde Licht! Sei neue Schöpfung!

Maria, die erste Lichtgestalt der Erde, ist Weisung! Maria, die Virgo Potens ist deine Weihe:
Gefäß der Wandlung ist sie.
Erdentochter, erste Lichtgestalt der Erde ist sie.
Mutter und Königin aller Schöpfung ist sie.

Durch Maria vollendet sich die Taufe der Erde: Herz der dreieinen Gottheit zu sein!

Tochter der Erde, Sohn der Erde, nimm an die Weihe der kosmischen Mutter.

Für mich ist dieser Text eine Aufforderung, das Christusgeheimnis in seiner universalen Dimension immer tiefer zu erkennen und daraus zu leben. In Sätzen wie: »In Jesus bin ich getauft. In seinem, alle Feindschaft auflösenden Blut bin ich getränkt. In seinem Geist werde ich zum Herz des Universums« erkenne ich immer mehr den besonderen Auftrag des

Christentums im Chor der Weltreligionen für diese Zeit. Die Worte »Höre Sohn der Erde, höre Tochter der Erde, in dir erfüllt sich meine Berufung, Auferstehungsmaterie zu sein« haben für mich heute mehr als metaphorische Bedeutung. Der besondere Beitrag des Christentums in der Begegnung der Weltreligionen ist flach, wenn Auferstehung vorwiegend auf psychisch-geistiger Ebene verstanden wird.

So tief mich der Text, der mir damals geschenkt wurde, auf der Ebene des Ich-Bewusstseins beglückte und gleichzeitig überforderte, so sehr wurde auch sofort eine Angst vor Vereinnahmung der anderen Religionen in mir wach. Konnte eine solche Sprache in Ritualen und gemeinsamen Feiern gelebt werden, ohne in die Fehler der Vergangenheit des Christentums zurückzufallen? In jene Zeiten, da der Glaube an Christus zur Maxime des Heils gemacht wurde – und alle anderen Menschen als Heiden und Ungläubige entwertet wurden? Diese Angst ist vorbei. Zu gut weiß ich heute, dass die Begegnung der Religionen für den anstehenden Bewusstseinswandel von großer Bedeutung ist, und dass gerade in den Unterschieden ein Ergänzungspotenzial vorhanden ist. Wohl keine andere Religion hätte so viel zum Thema »Transformation der Materie«, »Auferstehung« und »Lichtmaterie« beizutragen wie das Christentum, wenn Christen und Christinnen selbst das Geheimnis der Auferstehung des Fleisches ernst nehmen würden. Aber, dieses Geheimnis kann sich uns nur erschließen, wenn wir dem Geist Gottes selbst die Möglichkeit geben, uns in das Geheimnis einzuführen.

Meine ursprüngliche Angst, dass diese Sprache vereinnahmende Wirkung haben könnte, hat sich aufgelöst, seit ich in dem Text »Eins und alles« bezüglich der interreligiösen Begegnung folgende Weisung erhielt:

Ehrt meine Gegenwart in allen Religionen:

In MIR erwachten weisende Boten, verkündend den Weg der Rückkehr, des Aufstiegs ins neue Licht

Lasst los die alte Überheblichkeit und Intoleranz

ICH bekehre durch Anziehung

ICH öffne das Ohr des Herzens durch den Ton der Sehnsucht und zeige MICH in je neuer Gestalt

Denn: ICH BIN LIEBE

ICH ließ zu in CHRISTUS-ALPHA den Abstieg und bewirke in CHRISTUS-OMEGA den Aufstieg

Im Menschensohn bereite ICH mit Euch das Freudenmahl für alle Schöpfung: ICH BIN DER ICH BIN. ICH BIN DER ICH SEIN WERDE. ICH BIN LIEBE.[71]

Das große Mahl

Der eben zitierte Text mit der Aufforderung »Ehrt meine Gegenwart in allen Religionen – Lasst los die alte Überheblichkeit und Intoleranz – Ich bekehre durch Anziehung« bis hin zur Aussage: »Im Menschensohn bereite ich mit euch das Freudenmahl für alle Schöpfung« ist für mich und viele andere eine Aufforderung, den anderen Religionen mit großer Ehrerbietung und Dankbarkeit zu begegnen. Und er hilft mir, die Bedeutung des »großen Mahles« innerhalb der verschiedenen Weltreligionen zu verstehen und zu würdigen.

Dies ist mein Leib

Es heißt, sie waren zusammen beim letzten Mahl, Jesus und seine Freunde. Da nahm er Brot und Wein, segnete es und sprach: »Dies ist mein Leib, dies ist mein Blut.« Und er bat sie, sich an ihn zu erinnern, wann immer sie dies tun würden. Teilhard de Chardin zeigt die kosmische Dimension dieses Mahles, wenn er sagt: »Das in der Eucharistie gesprochene Wandlungswort, dies ist mein Leib, dies ist mein Blut, sei das Erinnerungszeichen für das Faktum, dass der Kosmos Gottes werdender Leib ist.« – Schon immer liebte ich die rituelle Feier der Eucharistie. Der Bezug zur kosmischen Dimension dieser Feier wurde mir im Schweigen eröffnet, ohne jede theologische Diskussion.

Es war so: Ich verbrachte meine Kindheit in einem kleinen Dorf, mit mehrheitlich katholischer Bevölkerung, in dem die kirchlichen Feste des Jahres mit sinnlicher Schönheit und Würde gefeiert wurden. Meine Mutter besuchte auch während der Woche oft Gottesdienste und nahm mich schon früh zu diesen und anderen Anlässen mit. Ich denke, ich war ungefähr zwölf Jahre alt, als ich begann, auch ohne Begleitung meiner Mutter in die Kirche zu gehen, um vor Christus in der Hostie zu verweilen. In einer dieser Andachten geschah mir etwas Seltsames. Nach kurzer Zeit verstummte das Reden in mir. Ich saß einfach da und schaute die Hostie schweigend an. Plötzlich wurde ich von einem mit Worten nicht ausdrückbaren Glücksgefühl überflutet, das mir Tränen in die Augen trieb. Ich erinnere mich, dass ich nach etwas mehr als einer Stunde tief erstaunt war, dass so viel Zeit vergangen war. Abends im Bett sehnte ich mich zurück nach jenem Zustand der Losgelöstheit, den ich am Nachmittag erlebt hatte.

In den folgenden Jahren suchte ich immer wieder am ersten Freitag im Monat unsere Kirche auf, in der Hoffnung, dass sich jene Erfahrung vor der ausgesetzten Hostie in der Monstranz wieder einstellen würde. Zeitweise war dies der Fall, zeitweise nicht. Wieder eingefallen sind mir diese Kindheitserlebnisse, als ich mit fünfundzwanzig Jahren einen Text von Angelus Silesius hörte. Die Worte: »Zeit ist wie Ewigkeit und Ewigkeit wie Zeit«, hoben jene als Kind erlebten Gefühle des Glücks und der Geborgenheit wieder in mein Bewusstsein. Ich schrieb damals in mein Tagebuch: »Ich habe als Kind ein Stück Ewigkeit ›geschmeckt‹. Ich habe erfahren, was es heißt, nicht nur mit Christus zu reden, sondern in Christus zu sein.«

Wie schon mehrmals in diesem Buch erwähnt, arbeitete ich etwa fünfzehn Jahre lang im Katharina-Werk als Pädagogin, Psychologin und Psychotherapeutin in der Resozialisierung von Jugendlichen mit schweren Persönlichkeitsstörungen. Obwohl ich diese Arbeit liebte, befand ich mich zeitweise in einem Zustand der Erschöpfung. Um einen Ausgleich für meine Psychohygiene zu finden, meldete ich mich zu einem Zen-Sesshin bei Pater Lassalle. In jenem Sesshin erfuhr ich, dass jenes Gefühl des wortlosen »In-Christus-Sein«, das ich als Kind erlebt hatte, ein Zustand ist, in den man durch bewusste Konzentration auf den Atem, durch Bewusstseinseinigung und Bewusstseinsleerung, eintreten kann. Mit anderen Worten, in jenem Sesshin erfuhr ich, dass das, was ich als

eine besondere Gnade in meiner Kindheit gedeutet hatte, eine Gnade ist, die in uns allen ruht und darauf wartet, wirksam zu werden. Und ich erfuhr, dass es einen Weg gibt, in jenen Zustand der Versunkenheit, wie ich ihn als Kind erlebte, einzutreten.
In den folgenden zehn Jahren meditierte ich regelmäßig und besuchte Zen-Sesshin, wann immer Pater Lassalle aus Japan in die Schweiz kam. Wenn er sich in seinen Vorträgen der zen-buddhistischen Sprache bediente und über Versenkung, Erleuchtung und über die Personalisation der Erleuchtung sprach, übersetzte ich das Gehörte für mich in eine christozentrische Sprache. Mit der Zeit wurde mir in der Meditation das wortlose »In-Christus-Sein«, in dem keine Beziehung mehr erfahrbar ist, geschenkt. In jenen Jahren begann sich mein Gebetsleben zu verändern. Und in dem Maße, wie sich mein Gebetsleben veränderte, veränderte sich auch meine Sprache. Immer mehr breitete sich das Wort Kosmischer Christus und die *Christuswirklichkeit* in mir aus. In dieser Christuswirklichkeit ist Jesus von Nazareth, der historische Christus, wohl das Zentrum. Aber das, was ich als Christuswirklichkeit erlebte, ging weit über den Menschen Jesus hinaus. Die Christuswirklichkeit erschloss sich mir in jeder Blume, jedem Stein, jedem Atom. In dem Maße, wie ich mich auf die Christuswirklichkeit einließ, geschah wieder eine Veränderung in mir. Das Christusgeheimnis als kosmische Wirklichkeit erfasste mich noch einmal tiefer, als ich zum ersten Mal von Angelus Silesius den Satz hörte: »Wenn du vergottet bist, so isst und trinkst du Gott, und dies ist ewig wahr, in jedem Bissen Brot.«[72]
Zu Beginn der Achtzigerjahre sah ich, dass ich die Leitung des St. Katharina-Werkes würde übernehmen müssen. Mir war bewusst, dass ich den vielen Aktivitäten, die mit dieser Aufgabe verbunden waren, nur gerecht werden konnte durch regelmäßige Zen-Meditation. Pater Lassalle, der meinen äußeren und inneren Prozess begleitete, unterstützte diesen Impuls und meldete mich bei Yamada Roshi in Japan zum intensiven Zen-Training an. 1984 wurde ich von Yamada Roshi als Zen-Schülerin angenommen. Im ersten Dokusan fragte mich der Roshi nach meiner Motivation, zu ihm nach Kamakura zu kommen. Meine Antwort war: »Ich möchte lieben lernen.« Der Roshi schaute mich lange und aufmerksam an und sagte: »Suchst du nicht Erleuchtung? Was meinst du mit ›ich möchte lieben lernen‹?« Etwas stammelnd antwortete ich: »Ich möchte ein Ausdruck der Liebe Christi werden.« In tiefem Ernst antwortete mir

Yamada Roshi: »Then, you must realise Christ. But for this, you need Satori – Dann musst du Christus werden. Aber dazu musst du erwachen.« In den folgenden Wochen lernte ich im Dokusanraum meine christozentrisch/trinitarische Sprache loszulassen und mein Erleben in Begriffen wie »essenzielle Welt«, »phänomenale Welt«, »Wesensnatur«, »Wahres Wesen« etc. auszudrücken. Viele der neuen Ausdrücke waren für mich deckungsgleich mit meinem Erleben, einiges aber blieb als nicht überbrückbarer Gegensatz bestehen und musste ausgehalten werden. Als mir Yamada Roshi am Ende meines ersten Aufenthaltes eine authentische Zen-Erfahrung anerkannte, stand für mich fest, dass ich jährlich wiederkommen wollte, um mich auf das strenge Koan-Training der Sanbo-Kyodan-Schule einzulassen. Meine Gemeinschaft akzeptierte meinen Entschluss, und so verbrachte ich in den kommenden Jahren die Sommermonate in Kamakura, Japan. Diese Wochen gehören zu den schönsten und gleichzeitig zu den besonders schwierigen Zeiten in meinem Leben.

Als großes Geschenk erlebte ich die authentische Begegnung mit dem Zen-Buddhismus, dessen Weisheit und Schönheit mich je neu ergriff. Ich liebte die Sutren, die Glocken, die Gongs, den strengen Rahmen der Sesshin, den ich als Sicherheit gewährend auf dem Weg in die Tiefe empfand. Ich war jedes Mal neu berührt von Yamada Roshis Hingabe in der Führung seiner Studenten zur Wesensschau. Die Arbeit mit den verschiedenen Koan öffnete mir das innere Auge für ganz neue Erfahrungen und vertiefte gleichzeitig ganz vertraute Erfahrungen. Der intra-religiöse Dialog, das heißt meine ganz persönliche Auseinandersetzung als Christin mit dem Zen, also die Begegnung des Christentums mit dem Zen *in mir*, wurde Teil meines Alltags. Am meisten liebte ich jene Koan, die nicht nur die Erfahrung der Leere-Einheit vertieften, sondern mich darüber hinaus wie mit einem Paukenschlag in die Umsetzung der erfahrenen Einheit in den Alltag, also in die soziale Dimension hineinführten. Diese Umsetzung der Koan ins konkrete Leben war auch Yamada Roshis großes Anliegen. Ich bin ihm gerade für diese Schulung unendlich dankbar. Als er ein Jahr vor dem Abschluss meines Koan-Trainings nach längerer Krankheit starb, stand für mich fest, dass ich bei seinem Dharma-Successor in Hawaii, bei Aitken Roshi, das Koan-Training beenden würde. Von Aitken Roshi erhielt ich 1991 die erste Lehrerlaubnis.

Acht Jahre danach gab Tetsugen Glassman Roshi Niklaus Brantschen und mir durch die Inka-Shomei Zeremonie die volle Ermächtigung, nun selbst Zen-Lehrer und -Lehrerinnen auszubilden und zu ernennen. Es war auch Bernard Tetsugen Glassman, dieser Reformer des Zen-Buddhismus in Amerika, von dem ich die Bedeutung des »großen Mahls« im Buddhismus kennen lernte.

Das große Mahl im Zen-Buddhismus

Von Dogen, dem Begründer der größten Schule des japanischen Zen-Buddhismus im 13. Jahrhundert, erzählt man ein Ereignis, das bis in unsere Zeit viele Menschen inspiriert. Dogen war auf einer Schiffsreise nach China, um einen Meister zu suchen. Auf dem Schiff lernte er einen chinesischen Mönch kennen, der »Tenzo«, das heißt Chefkoch, eines Klosters war. Der Koch ist in buddhistischen Klöstern neben dem Abt die wichtigste Person. Der Abt hat die Verantwortung für das geistige Wohl der Mönche, der Koch hat die Verantwortung für das leibliche Wohl der Mönche. Arbeiten Abt und Koch gut zusammen, so wird das Kloster zu einem Ort der Kraft, Heilung und Transformation, das auf die Welt ausstrahlt. Dogens Leben und Lehre wurden durch die Begegnung mit dem Koch nachhaltig geprägt. Seine zentrale Botschaft heißt: Es ist unsere Aufgabe, jeden Tag mit unseren Zutaten die beste Mahlzeit für uns selbst und für das »große Mahl« des Lebens zu kochen.

In Kontakt mit Glassman Roshi durfte ich miterleben, wie sehr dieser jüdische Zen-Meister sein eigenes Leben durch Dogens Geschichte mit dem Koch inspirieren ließ. Ich sah, wie er in seiner Lehrtätigkeit immer mehr die beiden Aspekte, das geistige und das leibliche Wohl der Menschen, zu verbinden begann. Immer mehr wurde die Metapher vom »großen Mahl« zu einem Leitmotiv seiner Dharma-Unterweisung. Und immer origineller wurden seine »Rezepte«, wenn er seine Zen-Schüler und -Schülerinnen anleitete, sich am großen Mahl des Lebens zu beteiligen.

Glassmans Botschaft ist einfach. Sie heißt: Du selbst bist der Koch deines Lebens. Alles, was du bist, und alles, was du hast, sind die Zutaten, die dir gegeben sind, um täglich die beste Mahlzeit für dich und die Welt zu bereiten. Es geht nicht darum, einen Schrank voller Speisen, Gewürze und Vorräte zu haben. Es geht vielmehr darum, aus dem, was dir täglich zur Verfügung steht, die beste Mahlzeit zu bereiten.[73] Glassman zeigt mit Charme und Überzeugungskraft auf, dass es nicht genügt, jeden Tag die gleiche Menge Salz und Zucker über die Speisen zu schütten, um ein schmackhaftes Mahl zu bereiten. Soll unser Leben zu einem köstlichen Mahl für uns selbst und andere werden, müssen wir immer wieder überprüfen, welche Zutaten wir heute brauchen. Das heißt, wir sollten uns täglich mit unserer inneren und äußeren Lebenssituation beschäftigen und fragen, welche leibliche und geistige Nahrung wir heute brauchen, dass sich unser »innerer Entwurf« entfalten kann. Gleichzeitig gilt es, die »hungrigen Geister« zu speisen.

Nach buddhistischem Verständnis leben die hungrigen und kämpfenden Geister in den Zwischenwelten und warten auf die nächste Wiedergeburt. Sie sind bedauernswerte Kreaturen, deren Gier sich in angeschwollenen Bäuchen und spindeldürren Hälsen verleiblicht hat. Die engen Hälse verunmöglichen, dass sie jemals satt werden, obwohl Nahrung in Fülle um sie herum existiert. Die »hungrigen Geister« sind in Glassmans Unterweisung eine immer wiederkehrende Metapher, um unsere eigene Auseinandersetzung mit der Gier zu aktivieren:

Im Grunde sind wir alle hungrige Geister. Es ist eine Metapher für den Teil in uns, der ständig unzufrieden ist. Aufgrund unserer Neigung zum Festhalten an Dingen und aufgrund unserer Konditionierung, die auf alten Gewohnheiten beruht, können wir oft Speisen und Getränke, die sich direkt vor uns befinden, weder erkennen noch genießen. Alles, was wir zur Zubereitung eines reichhaltigen und befriedigenden Mahls benötigen, steht uns jederzeit zur Verfügung und ist für uns erreichbar. Doch wir können das uns Dargebotene nicht annehmen und versteifen uns darauf, dass wir das nicht tun können, was wir unserer Meinung nach eigentlich tun müssten. Deshalb halten wir unablässig nach den Dingen Ausschau, die wir nicht haben. Wir können nicht einfach sagen: »Jetzt nehmen wir alles, was wir haben, und bereiten daraus einen köstlichen Festschmaus.« Wir können es nicht, weil wir ständig danach schielen, ob sich hinter dem, was sich direkt vor unseren Augen befindet, noch etwas anderes verbirgt.[74]

Die »hungrigsten Geister« in uns, sind abgespaltene und unbewusste Persönlichkeitsanteile und Bedürfnisse. Diese verhindern das Wissen, dass wir alles, was wir zu einem guten Mahl brauchen, in uns tragen.

Glassman Roshi hat ein Ritual entwickelt, das in vielen seiner Dharma-Zentren überall auf der Welt vollzogen wird: Das Kan-Ro-Mon (Tor des süßen Nektars). In diesem Ritual werden sowohl unsere eigenen »hungrigen Geister« wie auch die »hungrigen Geister« aller kosmischen Dimensionen und feinstofflichen Welten eingeladen, sich beim großen Mahl zu nähren und zu sättigen. Dabei werden den »hungrigen Geistern« die Verdienste aller Anwesenden, das heißt all das »positive Karma«, das die Meditierenden angezogen und geschaffen haben, zur Nahrung angeboten. Im Folgenden soll ein Teil dieses kosmischen Mahles aufgeführt werden:

Anrufung der Zen-Buddhas
In Einheit mit den Buddhas in den zehn Richtungen
In Einheit mit dem Dharma in den zehn Richtungen
In Einheit mit der Sangha in den zehn Richtungen
In Einheit mit allen formlosen Formen in Raum und Zeit
In Einheit mit dem großen Manjushri Bodhisattva
In Einheit mit dem großen mitfühlenden Avalokiteshvara Bodhisattva
In Einheit mit unserem ursprünglichen Lehrer Shakyamuni Buddha
In Einheit mit unserer Linie seit Mahakashyapa Sonja
In Einheit mit dem Mahayana Saddharma Pundarika Sutra
In Einheit mit dem Maha Prajna Paramita Sutra

Gelübde, die hungrigen Geister zu nähren
Wir erheben den Bodhi-Geist[75] und laden alle hungrigen Geister durch Raum und Zeit, in den kleinsten Partikeln bis in den weitesten Raum zum erhabenen Mahl ein. All ihr hungrigen Geister in den zehn Richtungen, bitte versammelt euch hier. Eure Not teilend, biete ich euch diese Nahrung dar. Ich hoffe, sie stillt all euren Durst und Hunger.

Bitte um Teilung der Nahrung
Ich bete, dass alle, die diese Gabe empfangen, den Gewinn daraus den Buddhas zurückgeben sowie der ganzen Schöpfung durch Raum und Zeit: so werden alle gesättigt werden.

Bitte um Erweckung des Bodhi-Geistes
Ferner bitte ich darum, dass durch den Empfang dieses Mahls all eure Leiden

beendet werden und ihr befreit werdet, sodass ihr als glücklich Wiedergeborene frei in den Gefilden des reinen Landes spielen werdet. Indem ihr den Bodhi-Geist erweckt und den Weg der Erleuchtung praktiziert, werdet ihr ohne weitere Wiederkehr die zukünftigen Buddhas. Jene, die den Weg zuerst verwirklichen, bitte gelobt, alle anderen durch Raum und Zeit zu befreien.
Bitte um Erfüllung dieser Gelübde
Ferner bitte ich euch inständig, mich Tag und Nacht zu unterstützen und mir den Mut zu geben, meine Gelübde zu erfüllen.

Bitte um Weitergabe der Verdienste dieser Praxis
Indem ich dieses Mahl darbiete, bitte ich euch, die daraus erwachsenden Verdienste gleichermaßen allen Lebewesen in den Dharma-Welten zukommen zu lassen. Bitte gebt das Verdienst dieser Gabe weiter an die Dharma-Welt der wahren Wirklichkeit, an die unübertreffliche Erleuchtung und an alle Buddha-Weisheiten.

Wiederholte Bitte um Erlangung des Weges der Erleuchtung
Mit all unserer Liebe, mit all unserem Geist und mit all unserer Kraft geloben wir, den Weg zu vollenden und nicht länger Kummer und Leid einzuladen. Mögen alle Lebewesen in der Dharma-Welt schnell den Buddha-Weg gemeinsam vollenden.

Gatha zur Weitergabe der Verdienste
Mit dieser Praxis wünsche ich aufrichtig, all meine Liebe auszudehnen auf mein eigenes Sein, meine Freunde, meine Feinde, meine Familie, meine Gemeinschaft und auf alle Lebewesen, die so viel für mich getan haben.
Mögen die, die in diesem Bereich praktizieren, wachsen an Kraft, Wert und Freude.
Mögen die, die gegangen sind, vom Leid befreit werden und Friedfertigkeit nähren.
Mögen alle Lebewesen in den drei Welten liebevolle Wohltaten empfangen.
Mögen jene, die auf den drei Pfaden leiden, zur Versöhnung gelangen und von allem Übel ihres Lebens gereinigt werden.
Mögen sie von Samsara befreit werden und gemeinsam im Reinen Land auferstehen.

Jedes Mal, wenn wir bei buddhistischen Feiern die »hungrigen Geister« einladen, verbinde ich mich mit dem Mahl, das uns Jesus von Nazareth geschenkt hat und von dem Ignatius von Antiochien in einem Brief an die Epheser schon im 2. Jahrhundert sagte, es sei »Pharmakon Athansjas«, das heißt, es sei Unsterblichkeitsarznei. Und ich verbinde mich mit Teilhard de Chardin, der in seinen kosmischen Gebeten[76] die Worte Jesu »dies ist mein Leib, dies ist mein Blut« täglich zum großen Mahl für alle großen Dimensionen der Wirklichkeit wandelte:

Möge sich heute wieder und morgen und immerfort, das göttliche Wort wiederholen: »Dies ist mein Leib«. Herr, nimm dieses Universum in deine Hände und segne es, das bestimmt ist, die Fülle deines Seins unter uns zu nähren und zu vollenden ... In diesem Augenblick, allmächtiger Vater, in welchem ich alles Streben einsammle, das aus den niederen Sphären zu dir steigt – der Macht des Verlangens bewusst, das sich durch meine Worte zu bahnen sucht – weiter ausgreifend als die weiße Hostie und in Abhängigkeit von ihr – aus allen Kräften meines Verlangens, meines Betens, meines Vermögens – über alle Entwicklung und alle Substanz – werde ich sprechen: Hoc est corpus meum, dies ist mein Leib.

Ich knie mich nieder, Herr, vor dem Universum, das insgeheim unter dem Einfluss der Hostie zu deinem anbetungswürdigen Leib und deinem göttlichen Blut wurde.

Das Freudenmahl der einen Menschheit und der ganzen Schöpfung

Aus dem Bisherigen dürfte deutlich geworden sein, dass mein Wissen um die kosmische Bedeutung des »großen Mahles« aus christlicher und buddhistischer Tradition gespeist wird.

Dieses Mahl-Verständnis erfuhr bei mir eine Ausweitung, als ich zu Beginn der Neunzigerjahre die umfassende Weisung erhielt, die den interreligiösen Dialog als Grundlage des »großen Mahles« zum Inhalt hat (siehe S. 142).

Die Weisung: »Ehrt meine Gegenwart in allen Religionen, lasst los die alte Überheblichkeit und Intoleranz, ich bekehre durch Anziehung«, wurde im Lassalle-Institut immer mehr zur Leitlinie für Dialog- und Begegnungskriterien. Die Unterschiede innerhalb der verschiedenen reli-

giösen Traditionen werden nicht als Hindernis, sondern als Ergänzungspotenzial gesehen. In der interreligiösen Begegnung leiten uns deshalb folgende Prinzipien: Die Gemeinsamkeiten herausarbeiten. – Die Unterschiede klar und prägnant darstellen. – Die Unterschiede feiern.
Seit zehn Jahren arbeiten wir mit diesen Dialogkriterien. Sie werden in jeder interreligiösen Begegnung eingeübt, und wir erfahren, dass sie Wunder bewirken.
Das dritte Element, die Unterschiede feiern, löst bei allen Teilnehmenden die größte Transformation aus. Die Erfahrung, dass in den Unterschieden ein Ergänzungspotenzial verborgen ist, befreit sie vom Druck, die Andersdenkenden von der eigenen Sichtweise überzeugen zu müssen.
Beim Feiern der Unterschiede entsteht Ergriffenheit, Staunen und Freude über das Wirken des Absoluten in allen Religionen. In einer interreligiösen Begegnung drückte dies ein Mitglied des Weltkirchenrates so aus: »Wirst du von einer anderen Religion eingeladen, ihre Liturgie zu teilen, so zieh deine Schuhe aus, du betrittst heiligen Grund.«
Die Zu-fälle in meinem Leben überraschen mich immer wieder neu. Einige Tage nach dem Schreiben dieser Zeilen drückte mir jemand einen Zeitungsartikel in die Hand. Es war die Kurzfassung einer in der Schweiz durchgeführten, nationalen Studie zum Thema »Religiosität und Menschenfeindlichkeit«. Die Hauptbotschaft heißt: »Es gebe klare Indizien für einen Zusammenhang zwischen Religiosität und allgemeiner Menschenfeindlichkeit. Nichtreligiöse Menschen seien weniger rassistisch, weniger sexistisch, weniger homophob (homosexuellfeindlich) und xenophob (fremdenfeindlich).« Die Studie zeige, so Cattacin, Direktor des soziologischen Institutes der Universität Genf, dass nichtreligiöse Menschen generell toleranter seien.[77]
Solche Resultate sind nicht nur schockierend, sie lösen bei mir immer große Traurigkeit aus. Wann endlich werden die Religionen zu Promotoren des Friedens? Wann werden Christinnen und Christen eine Pädagogik der Bergpredigt entfalten, welche die Menschen verlockt, ihren Forschungstrieb für Frieden, Heilung und inneres Wachstum, das heißt Bewusstseinsentwicklung einzusetzen? Wenn wir Christinnen und Christen die Botschaft des Kolosserbriefes ernst nehmen würden, wie könnten wir dann andere Religionen missachten? In seinem Loblied auf Christus schreibt Paulus:

Er ist das Ebenbild des unsichtbaren Gottes, der Erstgeborene der ganzen Schöpfung. Denn in ihm wurde alles erschaffen im Himmel und auf Erden, das Sichtbare und Unsichtbare, Throne und Herrschaften, Mächte und Gewalten; alles ist durch ihn und auf ihn hin geschaffen. Er ist vor aller Schöpfung, in ihm hat alles Bestand.[78]

In dieser Deutung sind auch alle Religionen, die vor dem Erscheinen des geschichtlichen Christus auf diesem Planeten entstanden sind, in IHM erschaffen. Alles, was im Himmel und auf Erden ist, sagt Paulus, ist Ausdruck des mystischen Leibes Christi. Wo immer wir eine andere Religion ehren, ihre Mitglieder respektieren und uns an der Art, wie sie das göttliche Geheimnis ausdrücken, freuen, da ehren wir, in paulinischer Ausdrucksweise, den Erstgeborenen der ganzen Schöpfung.

In meiner Jugend wurde für diese Sichtweise der Ausdruck »anonyme Christen« gebraucht. Damals wehrte ich mich gegen diese Formulierung, weil sie leicht vereinnahmend gebraucht werden kann. Dies hat sich geändert, seit ich im interreligiösen Dialog erfahren habe, wie selbstverständlich Buddhisten von der Buddhanatur aller Menschen und Wesen sprechen. Und ich bin überzeugt, dass durch den interreligiösen Erfahrungsdialog ganz neue Begriffe emergieren werden, um die allen Bekenntnissen zugrunde liegende letzte Wirklichkeit auszudrücken. »Lasst los die alte Überheblichkeit und Intoleranz, ICH bekehre durch Anziehung, denn: Ich bin Liebe.«

In der interreligiösen Begegnung feiern wir miteinander die letzte Wirklichkeit, von der wir alle ein besonderer Ausdruck sind. Dadurch bereiten wir das Freudenmahl für die ganze Schöpfung und sind dankbar für die »Speisen und Zutaten«, welche die Mitglieder der verschiedenen Religionen beitragen.

Lebt als Kinder des Lichts

»Die Erde – ein Planet des Lichts«, heißt die Überschrift zu diesem Kapitel. Die Menschen, die mich bei der Entstehung dieses Buches begleitet haben, reagierten sehr unterschiedlich auf diesen Titel. Einzelne zeigten mir, dass sie zwar die Aufforderung des Apostels Paulus »Lebt als Kinder des Lichts« (Eph 5,8) kennen, sich aber nichts darunter vorstellen können. Dass nun aber auch noch die Erde ein »Planet des Lichts« sein soll, löste bei ihnen Unverständnis und Abwehr aus. Andere reagierten begeistert: »Endlich hören wir diese Sprache nicht nur aus dem esoterischen Raum, sondern ebenso im Versuch, Deutung für den großen Übergang von Erde und Menschheit im christlichen Kontext zu finden.«

Evolution weiterdenken

Für mich persönlich ist die Transformation der Materie zur Lichtmaterie eine »natürliche« Weiterentwicklung der Evolution. In christlicher Sprache ausgedrückt, eine konsequente Weiterentwicklung innerhalb der »Christogenese«. Der Mensch ist aus der Erde hervorgegangen. Er ist Teil der Erde. In dem Maße, wie wir beginnen, die christliche Leidensmystik durch eine Mystik der Auferstehung zu ergänzen, werden wir den genuin christlichen Beitrag zum »Freudenmahl für alle Schöpfung« finden. Viele Menschen erwachen heute zur »Kommunikation mit der Erde«, weil in ihnen der »Sinn für die Erde« wieder erwacht, der uns durch die immer stärker werdende Individualisierung und die dadurch stattfindende Subjekt-Objekt-Spaltung weitgehend verloren ging. Der »neue Himmel und die neue Erde« sind Bestandteil der »Geheimen Offenbarung« – Verheißungen über die evolutiven Schritte, die Menschheit und Erde bevorstehen.

Müsste die in der Bildersprache der mythischen Bewusstseinsstruktur dargestellte Evolution nicht ebenso mit den Erkenntnissen der wissenschaftlichen Forschung in Einklang gebracht werden, wie die Bilder der Genesis über die Erschaffung von Himmel und Erde in Übereinstimmung mit den Sichtweisen der Neuzeit gebracht werden mussten? Die meisten Christinnen und Christen gehen heute davon aus, dass Erde und Mensch nicht in sieben Tagen geschaffen wurden, sondern während einem Millionen Jahre dauernden Prozess entstanden sind. Müssten nicht auch die Verheißungen über den neuen Himmel und die neue Erde in ähnlicher Weise gedeutet werden?

Weshalb helfen die christlichen Kirchen ihren Gläubigen nicht, die in der »Geheimen Offenbarung« enthaltenen Verheißungen über die Transformation der Materie zur Lichtmaterie mit den modernen wissenschaftlichen Deutungen zu vergleichen? Immer wieder bin ich erstaunt zu

sehen, dass in der wissenschaftlichen Forschung Themen wie »paranormale Fähigkeiten«, »Lichtnahrung«, »Levitation«, »Unverwesbarkeit der Körper von Heiligen«, »Lichtkörperprozess«, »Transformation der Erde« untersucht, dass die Resultate dieser Forschungen in der christlichen Verkündigung aber nicht aufgenommen werden. Weshalb erhalten Christinnen und Christen keine Hilfen von ihren Kirchen bei dem großen Prozess der Wandlung der Materie, in dem wir uns befinden? Weshalb werden diese Themen vorwiegend der Esoterik überlassen? Vom Apostel Paulus über Origenes, Thomas von Aquin, bis zu Romano Guardini, diesem mutigen Theologen des 20. Jahrhunderts, gibt es viele Aussagen zum Prozess der »Verklärung des Körpers«. Paulus schreibt im ersten Brief an die Korinther in ergreifender Weise über die Wandlung der Materie in Lichtmaterie: »Was gesät ist, ist verweslich, was auferweckt wird unverweslich. Was gesät wird, ist schwach, was auferweckt wird, ist herrlich. Gesät wird ein irdischer Leib, auferweckt wird ein überirdischer Leib. Wenn es einen irdischen Leib gibt, gibt es auch einen überirdischen.«[79]
Das letzte Buch des Neuen Testamentes, die »Geheime Offenbarung«, endet mit der Zusage Gottes: »Seht, ich mache alles neu. Dann sah ich einen neuen Himmel und eine neue Erde. Der erste Himmel und die erste Erde sind vergangen.« Johannes sieht danach das »neue Jerusalem« und hört eine Stimme rufen: »Seht die Wohnung Gottes unter den Menschen. Er wird in ihrer Mitte wohnen und sie werden sein Volk sein ... Er wird alle Tränen von ihren Augen abwischen. Der Tod wird nicht mehr sein, keine Trauer, keine Klage, keine Mühsal, denn was früher war, ist vergangen.«[80]
In dem Buch *Der Quantenmensch* heißt es zu diesen Bildern der Offenbarung:

Obgleich die Lehre der Auferstehung Teil einer vorwissenschaftlichen Weltanschauung ist ... hat sie überdauert. Wahrscheinlich weil intelligente und sensible Denker das Potenzial des Körpers zu einem grundlegenden Wandel erspürten. Wenn man die christliche Sichtweise aus der hier zugrunde liegenden entwicklungsgeschichtlichen Perspektive heraus umgestaltet, könnte die Lehre von den letzten Dingen einen neuen Evolutionsbereich symbolisieren, und die auferstandenen Körper der Gerechten, könnten eine metanormale Verkörperung versinnbilden.[81]

Auferstehung beginnt jetzt

Persönlich bin ich überzeugt, dass das Geheimnis der Auferstehung hier auf Erden beginnt, nicht erst nach dem Tode. Seit Beginn der Evolution hat sich der menschliche Körper von Stufe zu Stufe höherentwickelt. Es gibt viele Anzeichen dafür, dass wir uns auch heute in einem »evolutiven Sprung« befinden. Dieser Sprung wird umso leichter in und durch uns stattfinden, je bereiter wir sind, die Veränderungen anzunehmen und mit dem *großen Ja* zu unterstützen. Müssten die in Vergangenheit und Gegenwart entdeckten »geheimnisvollen Fähigkeiten«, die vom Geist erfüllte Menschen aller Religionen erfuhren, nicht ebenso systematisch untersucht und dokumentiert werden, wie Krankheitskeime und neue chirurgische Methoden?[82]

Gerade die Katholische Kirche verfügt über eine Schatztruhe von Informationen, die, würden sie verglichen mit der wissenschaftlichen Forschung über das Transformationsvermögen des menschlichen Körpers, vielen Menschen Mut und Hoffnung schenken könnten. Wie viele Zeugnisse über die Wandlungsfähigkeit des menschlichen Körpers haben wir allein von Lourdes, diesem großen Marienheiligtum! Fünfundzwanzig Jahre, nachdem Bernadette Soubirous ihre Marienvisionen hatte, gründete die Katholische Kirche im Jahre 1883 in Lourdes ein ständiges Ärztebüro, das die Heilungen, die immer wieder an diesem Ort stattfinden, untersucht. Michael Murphy schreibt dazu:

Das Ärztebüro in Lourdes und das Internationale Komitee haben eine Fülle an Materialien über spirituelles Heilen erbracht. Ihre Archive, die Röntgenaufnahmen, Fotografien, Biopsieberichte und die Ergebnisse anderer Laboruntersuchungen enthalten, sind eine wertvolle Quelle für Untersuchungen unserer Fähigkeiten zur Regeneration. Prominente Besucher von Lourdes haben ebenfalls eindrucksvolle Erklärungen hinsichtlich der dort stattfindenden Heilungen wie auch Einblicke in deren Ursachen gegeben. Alexis Carrel, Nobelpreisträger für Medizin und medizinischer Direktor des Rockefeller Institutes, erzählte die Geschichte seiner ersten Reise nach Lourdes 1903 in allen Einzelheiten. Er fuhr als neugieriger Skeptiker und schloss sich einer Frau mit tuberkulöser Peritonitis an. Im Laufe seiner Beobachtung veränderte sich ihre kranke Erscheinung so dramatisch, dass er glaubte, er »leide unter einer Halluzination«.[83]

Und Murphy zieht zu Recht folgende Konsequenzen:

Wenn wir die große Vielfalt der Wege zur Transformation betrachten, die in den letzten 3000 Jahren entstanden sind, können wir uns vorstellen, dass die Menschheit über eine bestmögliche Folge von Schritten hin zu ihrer größeren Verwirklichung gelangt. In dem langen, gewundenen Verlauf, der für den allgemeinen Prozess der Evolution charakteristisch ist, haben wir uns einem Durchbruch genähert – auch wenn wir ihn noch nicht erreicht haben –, der ebenso bedeutsam ist wie die Entstehung der Menschheit aus den Hominiden.[84]

Obwohl ich mich schon viele Jahre in einem Gedankenfeld bewege, das sich mit dem Transformationsvermögen des menschlichen Körpers auseinandersetzt, war ich zutiefst überrascht, als ich von der Erde jene Informationen empfing, die mir zeigten, dass sich nicht nur der Mensch, sondern auch die Erde in einem Wandlungsprozess zur Lichtmaterie befindet.

Ich bin der Ort im Universum, wo Himmel und Erde sich verbinden.
Ich bin auserwählt, die Lichtmaterie hervorzubringen.
Höre, Sohn der Erde, höre, Tochter der Erde, in dir, durch dich erfüllt sich meine Berufung, Auferstehungsmaterie zu sein.
So nimm an deine Berufung, mich als neue Schöpfung zu gebären.
Nimm an deine Auserwählung, den in mir schlummernden Samen der Lichtmaterie zu wecken.
Zieh an das Kleid des Lichts.
Werde Licht.
Sei neue Schöpfung.

Sich vom Ziel ziehen lassen

In diesem Text, der mich noch heute auf vielen Ebenen überfordert, nehme ich eine »marianische Energie« wahr. Eine Energie, die mich seit Jahren verlockt, alte Wege zu verlassen und Neues zu suchen. Pablo Picasso, der begnadete Maler, drückt das, was ich erfahre, treffend aus, wenn er sagt:

Ich suche nicht, ich finde

*Suchen, das ist das Ausgehen von alten Beständen
und das Finden-Wollen von bereits Bekanntem.
Finden, das ist das völlig Neue.
Alle Wege sind offen, und was gefunden wird, ist unbekannt.
Es ist ein Wagnis, ein heiliges Abenteuer.
Die Ungewissheit solcher Wagnisse können
eigentlich nur jene auf sich nehmen,
die im Urgeborgenen sich geborgen wissen,
die in der Ungewissheit, der Führerlosigkeit
geführt werden, die sich vom Ziel ziehen lassen
und nicht selbst das Ziel bestimmen.*

Sich vom Ziel ziehen lassen – nicht selbst das Ziel bestimmen – alle Wege sind offen – was gefunden wird, ist unbekannt – das neue Land beschreiten, ist ein Wagnis, ein heiliges Abenteuer.

Zu Beginn dieses Buches erzählte ich von einem Schulungsangebot in einem Bildungshaus des Katharina-Werkes[85] mit dem Thema: »Werdet Priesterinnen und Priester der Kosmischen Wandlung«. Alle Beteiligten sind Menschen, die in ihrem eigenen Körper starke Transformationsprozesse erfahren. Einige davon werden immer tiefer eingeführt in die Kommunikation mit der Erde. Ein wichtiger erster Schritt dieser Forschungsgruppe ist der gemeinsame Austausch über die gemachten Erfahrungen und über die Schritte ins »neue Land«.

Der zweite Schritt ist der Versuch, die physischen, psychischen und geistigen Transformationsprozesse im Lichte der Verheißungen des Neuen Testamentes zu deuten. Dieser Prozess lässt uns erfahren, dass jede Zeit ihre eigene Deutung und Umsetzung der uns geschenkten Verheißungen braucht. So kann das Wort von Paulus »Seht, ich enthülle euch ein Geheimnis: Wir werden nicht alle entschlafen, aber wir werden alle verwandelt werden«[86] plötzlich eine Türe in uns öffnen und zu sehr ungewohnten Fragen ermutigen: – und wenn es so wäre, dass wir Menschen in eine Art Lichtkörper hineinmutieren, der dem verklärten Leib von Jesus ähnlich ist?

Immer, wenn mir solche Gedanken kommen und wenn ich erfahre, wie mein skeptischer Geist sie als »exotisch« abweisen will, helfen mir die

Beispiele in der Natur, mich dem Geheimnis der Wandlung ohne Abwehr auszusetzen. Mehr noch, mich dem Geheimnis zu öffnen.
Würde man der Raupe in ihrem weichen Körper sagen, dass sie sich in absehbarer Zeit in einen steifen Körper verpuppen wird, der sich nicht mehr bewegt, würde sie diese Botschaft wahrscheinlich als ebenso »exotisch« empfinden. Und würde man der unbeweglichen Puppe dann noch erzählen, dass sie in absehbarer Zeit mit einem wunderbaren Kleid aus dem alten Seinszustand hervorgehen und fliegen wird, so würde sie das für ebenso unmöglich halten, wie wir die Lichtmaterie für unmöglich halten.
Die uns umgebende Wirklichkeit ist voller Beispiele über die Wandlung der Materie.
Von der Hummel, die mit ihren kleinen Flügeln aussieht wie eine übergewichtige Wespe, heißt es, dass sie, wissenschaftlich betrachtet, unmöglich fliegen kann. Nach dem Gesetz der Aerodynamik lässt das Verhältnis ihrer Flügel zum Körpergewicht ein Abheben in die Luft nicht zu. Die Hummel aber ignorierte alle physikalischen Gesetze. Sie beginnt mit ihren kleinen Flügelchen so schnell zu schlagen, dass sie schließlich dennoch vom Boden abhebt. Eine Hummel fliegt mit einer Flügelschlagfrequenz von 200 Schlägen pro Sekunde. Hätte sie sich auf 199 Flügelschläge beschränkt, hätte sie die Magie des Fliegens nie kennen gelernt. Die Hummel setzt sich keine Grenzen. Sie erschafft eine neue physikalische Wirklichkeit.

Materie wird Licht

Die Intuition, dass die Lichtmaterie geboren wird, bricht in vielen Menschen ganz unterschiedlicher geistiger Zugehörigkeit auf. In dem Buch *Die Antwort der Engel* lässt Hanna, eine junge Jüdin, die kurze Zeit darauf in einem nationalsozialistischen Konzentrationslager ermordet wurde, die ihr geschenkte Einsicht über den Aufstieg zur Lichtmaterie im Bild der »heiligen Hochzeit« lebendig werden:

Das Erbe, das ER euch vermacht, ist das ewige Sein.
Geheimnisvolle, wunderbare Lehre:
Erkennen ist in Wahrheit Liebe,
ist ewige, unbefleckte Empfängnis.

Sieben Stufen führen zum ewigen Sein,
sieben Schritte, die ihr schreiten könnt.
Die erste Geburt ist ... Materie.
Die zweite ist ... Pflanze.
Die dritte ist ... Harmonie.
Die vierte ist geschmückte Stätte der Hochzeit.
Die drei oberen Stufen
schreitet der Bräutigam hinunter – das LICHT –
und wenn der Bräutigam die Braut erkennt,
so wird der Tod für immer tot.

Drei Schritte sind die Zeit.
Vergangenheit ist Reinigung.
Gegenwart ist Selbsthingabe.
Zukunft ist Hochzeit.
Die zwei Liebenden entspringen IHM,
dem ewig Gebärenden.

STATT LICHTLOSEM KÖRPER UND KÖRPERLOSEM LICHT
DAS NEUE: DIE ZWEI LIEBENDEN VEREINT.
DAS WORT WIRD FLEISCH
UND DIE MATERIE WIRD LICHT. [87]

Die »Heilige Hochzeit« zwischen Gott und Mensch im Brautgemach der Seele ist ein immer wiederkehrendes Bild in der christlichen Mystik. Der Text von Hanna weitet diese Erfahrung aus. Die »heilige Hochzeit« findet nicht nur im Menschen statt, die »heilige Hochzeit« findet in aller Materie statt: »Statt lichtlosem Körper und körperlosem Licht, das Neue: Das Wort wird Fleisch und die Materie wird Licht.«

Die mir vor Jahren im inspirierten Schreiben geschenkte Botschaft der Erde an uns Menschen wird für mich durch Hannas Text verständlicher:

Höre Mensch, aus mir Erde bist du hervorgegangen in der schöpferischen Kraft des Logos.
Ich, Erde, gebar dich, um durch dich erkannt zu werden.
Du bist mein Ohr, mein Auge, meine Hand, mein Herz.

Ich bin der Ort im Universum, wo Himmel und Erde sich verbinden.
Ich bin auserwählt, die Lichtmaterie hervorzubringen.
Höre Sohn der Erde, höre Tochter der Erde.
In dir, durch dich erfüllt sich meine Berufung: Auferstehungsmaterie zu sein. So nimm du an deine Berufung, mich als neue Schöpfung zu gebären. Nimm an deine Auserwählung, den in mir schlummernden Samen der Lichtmaterie zu wecken.
Zieh an das Kleid des Lichts.
Werde Licht.
Sei neue Schöpfung.

Kann es sein, dass auch die Erde erwacht zur Lichtmaterie? Was bedeutet dann die Forderung an den Menschen: »Nimm an deine Auserwählung, den in mir schlummernden Samen der Lichtmaterie zu wecken?«

Priesterinnen und Priester der kosmischen Wandlung

Der begabte Physiker Brian Swimme hat ein Buch geschrieben, das meine Frage positiv beantwortet.

Wir sind die Selbstbetrachtung, die Selbsterkenntnis des Universums. Wir ermöglichen dem Universum sich selbst zu spüren und wahrzunehmen.[88]

Und er fährt fort:

Sag mir, bist du dir dessen bewusst, dass du und nur du in der Lage bist, das Leben in der Weise voranzubringen, wie es niemand sonst im Universum kann?[89]

Den größten Nachdruck legt das Leben darauf, dass du dich auf das Abenteuer einlässt, dich selbst zu erschaffen ... Alles ruht nun in deiner schöpferischen Kraft, dich selbst zu formen ... Die Kräfte, die die Sterne formten, sind nun in deinem Selbst-Bewusstsein, und sie schaffen für dich dein ureigenes und freiheitliches Abenteuer, deine Überraschung für das Universum.[90]

Wir brauchen einen neuen Menschen auf einer neuen Erde, der neue Beziehungen zu den grundlegenden Wirklichkeiten des Universums schafft und eingeht ... Die Entwicklung der Erde hängt davon ab, dass sich der Mensch zu seiner Bestimmung entwickelt, ein Selbstportrait des wagemutigen Spiels zu werden.[91]

Mit unserer Vorstellungskraft schaffen wir ein Zeitalter des Wiederaufbaus, in dem eine geradezu liturgische Gemeinschaft aller Spezies die Aktivitäten unseres Lebens leiten wird ... Wir sind der Freiraum, in dem die Erde träumt. Wir sind die Vorstellungskraft der Erde, in dem Visionen und zukunftsgestaltende Hoffnungen mit einem scharfsinnigen Bewusstsein angesprochen werden können. Wir sind nur dann Kopf und Herz der Erde, wenn wir die Erde dazu befähigen, ihre Aktivitäten durch unser Selbstbewusstsein zu organisieren. Das ist unsere größte Bestimmung, der Erde zu gestatten, sich auf neue Weise zu organisieren.[92]

Wenn ich solche und andere Texte beispielsweise von Ervin Laszlo, Hans-Peter Dürr und anderen Naturwissenschaftlern lese, fällt es mir leichter, meiner eigenen Inspiration zu trauen. Jedenfalls entspricht solches Fragen der mir geschenkten Botschaft: »Nimm an deine Auserwählung, den in mir schlummernden Samen der Lichtmaterie zu wecken.« Und ich beginne zu ahnen, dass die Aufforderung von Paulus »Lebt als Kinder des Lichts« viel größere Konsequenzen hat, als wir uns vorzustellen wagen. Denn, wenn die Erde durch den Transformationsprozess des Menschen zur Lichtmaterie erwacht, welche Auswirkungen hat dieser Prozess dann auf den Kosmos?
Haben Erde und Menschheit eine besondere Berufung für die Weiterentwicklung des Kosmos?
Ohne dass mein Kopf es fassen kann, spricht mein Herz das *große Ja* auf diese Frage. Und dieses Ja verbindet sich mit der Botschaft des 1. Petrusbriefes:

Ihr seid ein auserwähltes Geschlecht, eine königliche Priesterschaft, ein heiliger Stamm, ein Volk, das sein besonderes Eigentum wurde, damit ihr die großen Taten dessen verkündet, der euch aus der Finsternis in sein wunderbares Licht gerufen hat.[93]

Ist in diesem Text der Weg von Menschheit und Erde vorgezeigt? Ist die Menschheit berufen, eine priesterliche Funktion im Kosmos einzunehmen, ist die Menschheit eine königliche Priesterschaft? Ist es das Universum selbst, das jetzt in mir solche Fragen stellt?

Und so frage ich weiter: Ist es möglich, dass Teilhard de Chardin recht hatte, wenn er als Paläontologe immer mehr zur Überzeugung kam, dass das Universum Sammler und Bewahrer von Bewusstsein ist, und dass es sich im und durch den Menschen »personalisiert«, das heißt zu einem selbstbewussten Lebewesen entwickelt? Üben wir dann, wenn solche Gedanken und Fragen in uns aufsteigen, wenn wir sie in De-Mut zulassen und darin schweigend und hörend verweilen, eine priesterliche Funktion aus? Wartet der Kosmos darauf, dass wir bereit sind, unsere Aufgabe als Priesterinnen und Priester der kosmischen Wandlung anzunehmen?

Die Frage stellen heißt sie bejahen. Und so möchte ich Sie, liebe Leserinnen und Leser – und mich selbst –, mit diesem Buch ermutigen, die Stimme der Erde und des Kosmos in unserem Herzen zu hören und uns in den Dienst der kosmischen Wandlung zu stellen.

Anhang

Verzeichnis der verwendeten Literatur

Aitken, Robert/Steindl-Rast, David: *Der spirituelle Weg;* München (Droemersche Verlagsanstalt Th. Knaur) 1996

Albrecht, Carl: *Das mystische Erkennen;* Mainz (Matthias-Grünewald-Verlag) 1982

Baumer, Franz: *Teilhard de Chardin / Köpfe des 20. Jahrhunderts;* Berlin (Colloquium Verlag Otto H. Hess) 1971

Benz, Arnold: *Die Zukunft des Universums – Zufall, Chaos, Gott?;* Düsseldorf (Patmos Verlag) 1997

Benz, Arnold / Vollenweider, Samuel: *Würfelt Gott?;* Düsseldorf (Patmos Verlag) 2000

Boff, Leonardo: Unser Haus die Erde; Düsseldorf (Patmos Verlag) 1996

Bresch, Carsten: Zwischenstufe Leben / Evolution ohne Ziel?; Frankfurt a.M. (S. Fischer Verlag) 1977

Butros-Ghali, Butros: UNorganisierte Welt; Stuttgart (Horizonte Verlag) 1993

Czempiel, Ernst-Otto: *Die Reform der UNO / Möglichkeiten und Missverständnisse;* München (C.H. Beck Verlag) 1994

Dahlke, Rüdiger: *Der Mensch und die Welt sind eins;* München (H. Hugendubel Verlag) 1987

Douven, Karel: *Das Christentum auf dem Weg ins 21. Jahrhundert;* Haaren (Karel Douven) 1992

Dürr, Hans-Peter: *Physik und Transzendenz;* Bern (Scherz Verlag) 1986

Ebersberger, Ludwig: *Der Mensch und seine Zukunft;* Olten (Walter-Verlag) 1990

Eichstaedt, Hans-Joachim: *Der lebendige Kosmos;* Freiburg i. B. (Aurum Verlag) 1987

Nachbarn in Einer Welt; Bonn (Stiftung Entwicklung und Frieden) 1995

Ferris, Timothy: *Das intelligente Universum;* Berlin (Byblos Verlag) 1992

Fischer, Ernst Peter: *An den Grenzen des Denkens;* Freiburg i.b. (Verlag Herder) 2000

Fox, Matthew: *Geist und Kosmos;* Grafing (Aquamarin Verlag) 1993

Frankemölle, Hubert: *Der Jude Jesus und die Ursprünge des Christentums;* Mainz (Matthias-Grünewald-Verlag) 2003

Frankl, Viktor E. / Lapide, Pinchas: *Gottsuche und Sinnfrage;* Gütersloh (Gütersloher Verlagshaus) 2005

Gamma, Anna: *Lichtheilung als Weg zum Frieden;* München (Kösel-Verlag) 2005

Glassmann, Bernard: *Das Herz der Vollendung;* Stuttgart (Theseus Verlag) 2002

Glassmann, Bernard / Fields, Rick: *Anweisungen für den Koch;* Hamburg (Hoffmann und Campe Verlag) 1997

Global Marshall Plan Initiative: *Welt in Balance;* Hamburg (Global Marshall Plan Foundation) 2004

Goldberber, Ernest: *Die Seele Israels – Ein Volk zwischen Traum, Wirklichkeit und Hoffnung;* Zürich (Neue Zürcher Zeitung) 2004

Guitton, Jean: *Gott und die Wissenschaft;* München (Artemis & Winkler Verlag) 1992

Gyger, Pia: *Mensch verbinde Erde und Himmel;* Luzern (rex verlag) 1993

Gyger, Pia: *Maria, Tochter der Erde – Königin des Alls;* München (Kösel-Verlag) 2002

Haas, Adolf: *Teilhard de Chardin-Lexikon,* 2 Bände; Freiburg i. B. (Verlag Herder) 1971

Hurtak, James J. / Hurtak, Desiree: *Pistis Sophia / Eine koptische Schrift der Gnosis mit Kommentar;* (J.J. Hurtak u. Desiree Hurtak) 2002

Ikeda, Daisaku: *Das Rätsel des Lebens;* Berlin (Ullstein Verlag) 1996

Iranschähr, Hossew K.: *Der neue Mensch im neuen Zeitalter* / 1. Teil: Die Fortschritte in der Kultur / 2. Teil: Die Fortschritte im sozialen Leben /

3. Teil: Die Fortschritte in der Religion / 4. Teil: Die Fortschritte in der Psychologie und Psychotherapie; Gossau (Lukas Verlag) 1997
Katechismus der Katholischen Kirche; München (R. Oldenburg Verlag) 1993
Kopp, Josef Vital: *Entstehung und Zukunft des Menschen / Pierre Teilhard de Chardin und sein Weltbild;* Luzern/München (rex verlag) 1961
Küng, Hans: *Der Anfang aller Dinge / Naturwissenschaft und Religion;* München (Piper Verlag) 2005
Kuschel, Karl-Josef: *Streit um Abraham;* Düsseldorf (Patmos Verlag) 2001
Laszlo; Ervin: *Zu Hause im Universum;* Berlin (Allegria Verlag) 2005
Laszlo, Ervin: *Das fünfte Feld;* Bergisch Gladbach (Bastei-Lübbe-Taschenbuch) 2000
Laszlo, Ervin: *Der Laszlo-Report: Wege zum globalen Überleben;* München (Bonn Aktuell, mvg Verlag) 1992
Laszlo, Ervin: *Kosmische Kreativität;* Frankfurt a.M. (Insel Verlag) 1997
Lengsfeld, Peter: *Mystik – Spiritualität der Zukunft;* Freiburg i.B. (Verlag Herder) 2005
Le Saux, Dom: *Indische Weisheit – Christliche Mystik;* Luzern (rex verlag) 1968
Long, Barry: *Sexuelle Liebe auf göttliche Weise;* Lahr (mb Verlag) 2000
Magyarosy, Maruscha: *Intelligenz des Herzens durch die Fünf »Tibeter«;* Bern, München, Wien (Scherz Verlag) 1997
Michel, Petra (Hrsg.): *Wissenschaftler und Weise: Die Konferenz;* Grafing (Aquamarin Verlag) 1991
Murphy, Michael: *Der Quantenmensch – Ein Blick in die Entfaltung des menschlichen Potentials im 21. Jahrhundert;* Wessobrunn (Integral Verlag) 1994
Nasr, Seyyed Hossein: *Science and civilization in Islam;* New York (Barnes & Noble Books) 1992
Panikkar, Raimon: *Trinität / Über das Zentrum menschlicher Erfahrung;* München (Kösel-Verlag) 1993
Papenfuss, Dietrich / Alexander von Humboldt-Stiftung: *Transzendenz und Immanenz, Philosopie und Theologie in der veränderten Welt;* Stuttgart (Verlag W. Kohlhammer GmbH) 1977

Philberth, Bernhard: *Der Dreieine;* Stein am Rhein (Christiana-Verlag) 1986

Puttkamer, Jesco von: *Der Mensch im Weltraum – eine Notwendigkeit;* Frankfurt (Umschau-Verlag Breidenstein) 1987

Radermacher, Franz Josef: *Global Marshall Plan / Ein Planetary Contract;* Wien (Ökosoziales Forum Europa) 2004

Rahner, Karl / Vorgrimler, Herbert: *Kleines Konzilskompendium;* Freiburg i. Br. (Verlag Herder) 1966

Reinhard, Jürg / Baumann, Adolf: *Unerhörtes aus der Medizin;* Bern (Hallwag Verlag) 1989

Rosenberg, Alfons: *Wandlung des Kreuzes;* München (Kösel-Verlag) 1985

Satprem: *Das Mental der Zellen;* Einsiedeln (Daimon Verlag) 1992

Schiwy, Günther: *Ein Gott im Wandel;* Düsseldorf (Patmos Verlag) 2001

Schiwy, Günther: *Kosmische Gebete des Teilhard de Chardin;* Hildesheim (Bernward Verlag) 1986

Segev, Tom: *Es war einmal ein Palästina;* München (Siedler Verlag) 2005

Selg, Peter: *Mysterium Cordis;* Dornach (Verlag am Goetheanum) 2003

Silesius, Angelus: *Der Himmel ist in dir;* Zürich / Düsseldorf (Benzinger Verlag) 1997

Silesius, Angelus: *Sämtliche poetische Werke hrsg. v. Hans Ludwig Held,* Band 3: Cherubinischer Wandersmann; Wiesbaden (Fourierverlag) 2002

Sri Aurobindo: *Die Mutter;* Düsseldorf (Patmos Verlag) 1987

Steindl-Rast David / Aitken, Robert: *Der spirituelle Weg;* München (Droemersche Verlagsanstalt Th. Knaur Nachf.) 1996

Swami Prabhavananda: *Die Bergpredigt im Lichte des Vedanta;* München (Knaur) 1994

Swimme, Brian: *Das verborgene Herz des Kosmos;* München (Claudius Verlag) 1997

Talbot, Michael: *Das holographische Universum;* München (Verlagsgruppe Droemer Knaur) 1992

Tart, Charles T.: *Transpersonale Psychologie;* Olten (Walter Verlag) 1978

Teilhard de Chardin, Pierre: *Das Tor in die Zukunft;* München (Kösel-Verlag) 1984

Teilhard de Chardin, Pierre: *Die Entstehung des Menschen;* Zürich (Ex Libris) 1978

Teilhard de Chardin, Pierre: *An den Geist glauben;* Kevelaer (Verlag Butzon & Berker) 1977

Teilhard de Chardin, Pierre: *Das Herz der Materie,* übers. Richard Brüchsel (Patmos Verlag)

Teilhard de Chardin, Pierre: *Die menschliche Energie;* Olten (Walter Verlag) 1966

Wasserstein, Bernard: *Jerusalem – Der Kampf um die heilige Stadt;* München (Verlag C.H. Beck) 2002

Werner, Michael: *Leben durch Lichtnahrung;* Baden und München (AT Verlag) 2005

Wolf, Ingeborg: *Mystik – Praxis und Orientierung in Religion, Psychologie, Naturwissenschaft und Gesellschaft;* Frankfurt (Edition Logos) 2000

Yamada, Kôun: Die torlose Schranke – Mumonkan; München (Kösel-Verlag) 1989

Ziegler, Jean: *Das Imperium der Schande;* München (C. Bertelsmann Verlag) 2005

Anmerkungen

1. Offb 21,5
2. Ebd. 21,1
3. Mt 9,13
4. Mt 5,44
5. 1 Petr 2,5.9
6. Arnold Benz: Die Zukunft des Universums (Düsseldorf, Patmos 1997; im Taschenbuch bei dtv, München), S. 35
7. Eph 2, 20–22
8. 1 Kor 12,27
9. 2 Kor 3,18
10. Eph 4,23
11. Hildegard von Bingen: 4. Schau ihrer Kosmos-Schrift
12. Teilhard de Chardin
13. siehe Günther Schiwy: Kosmische Gebete des Teilhard de Chardin (Hildesheim, Bernward 1986), S. 8
14. Alfons Rosenberg: Wandlung des Kreuzes (München, Kösel 1985), S. 19
15. C.G. Jung: Mensch und Seele, S. 62–74
16. Adolf Haas: Teilhard de Chardin-Lexikon (Freiburg i.B., Herder 1971), Band 2, S. 82
17. 1 Petr 2,9 ff.
18. Eph 2,16
19. Mt 5, 44
20. Günther Schiwy: Kosmische Gebete des Teilhard de Chardin (Hildesheim, Bernward 1986), S. 8
21. vgl. dazu Pia Gyger: Mensch verbinde Erde und Himmel (Luzern, rex verlag 1993), S. 20
22. Johannes Tauler – Zeugnisse mystischer Welterfahrung (Olten, Walter-Verlag), S. 67
23. Leonardo Boff: Unser Haus die Erde (Düsseldorf, Patmos 1996), S. 248
24. Ebd., S. 246–250
25. Deutsche Mystik, in: Der Weg der Meister II (Wien, Ermin Döll 1988), S. 168
26. Ebd., Meister Eckehart, S. 169

27 Joh 1, 1–14
28 Joh 10, 30
29 Joh 8, 58
30 Angelus Silesius: Sämtliche poetische Werke hrsg. v. Hans Ludwig Held, (Wiesbaden, Fourierverlag 2002), 4. Buch, S. 133
31 Ebd., 1. Buch S. 13
32 Joh 16, 7 ff.
33 Röm 8,19–23
34 vgl. Pia Gyger, Mensch verbinde Erde und Himmel (Luzern, rex verlag 1993), S. 28 + 29
35 Wissenschaftler und Weise, David Bohm im Gespräch mit Renée Weber
36 Jean Guitton: Gott und die Wissenschaft (München, Artemis 1992)
37 Zitiert bei Jean Guitton, ebd., S. 161
38 Vgl. dazu: Jean Guitton: Gott und die Wissenschaft (München, Artemis 1992), S. 160-161
39 Meister Eckehart, in: Der Weg der Meister I (Wien, Ermin Döll 1988), S. 290
40 Heinrich Seuse, in: Der Weg der Meister I (Wien, Ermin Döll 1988), S. 157
41 Ebd., S. 209
42 Meister Eckehart, in: Ebd., S. 207
43 Die torlose Schranke (München, Kösel 1989), S. 44
44 Ervin Laszlo: Kosmische Kreativität (Frankfurt a.M., Insel Verlag 1997), S. 283 f.
45 Pia Gyger: Maria Tochter der Erde – Königin des Alls (München, Kösel 2002), S. 128
46 St. Galler Tagblatt, 12. Mai 2004
47 Vgl. Teilhard de Chardin: Das Herz der Materie (übers. Richard Brüchsel, Düsseldorf, Patmos), S. 23
48 Teilhard de Chardin: Die menschliche Energie (Olten, Walter-Verlag 1966), S. 102
49 Olivia Judson: Die raffinierten Sexualpraktiken der Tiere (München, Heyne 2003)
50 Der Spiegel Nr. 41/05 – Das Fest der Triebe, Rafaela von Bredow

51 Zitiert in: Ferment 11/81, Pater Walter Rupp, S. 6
52 Ebd., S. 8
53 Joël 2, 28–29
54 Maruscha Magyarosy: Intelligenz des Herzens durch die Fünf »Tibeter« (Bern, München, Wien, Scherz-Integral 1997), S. 114 f.
55 Siehe dazu: H. K. Iranschähr: Der neue Mensch im neuen Zeitalter (Gossau, Lukas 1997), S. 98–111
56 1 Kor 6, 19–20
57 Irmgard Hess
58 Ervin Laszlo: Zuhause im Universum (Berlin, Allegria, Ullstein 2005), S. 73 ff.
59 Ebd., S. 151
60 Joh 4, 19–26
61 1 Petr 2,9
62 Günther Schiwy: Ein Gott im Wandel (Düsseldorf, Patmos 2001), S. 201
63 Ebd., S. 203
64 Phil 2,6–7
65 J.J. Hurtak: The seventy-two Sacred Names
66 Teilhard de Chardin: Pantheismus und Christentum, S. 62
67 Die Tagebücher der Etty Hillesum 1941–1943: Das denkende Herz (Hamburg, Rowohlt TB)
68 Joh 14,20/Joh 14,12
69 Satprem: Das Mental der Zellen (Einsiedeln, Daimon-Verlag 1992) S. 139
70 Ebd., S. 23
71 Pia Gyger: Maria, Tochter der Erde, Königin des Alls (München, Kösel-Verlag 2002), S. 25
72 Angelus Silesius: Cherubinischer Wandersmann; Sämtliche poetische Werke, hrsg. v. Hans Ludwig Held (Wiesbaden, Fourierverlag 2002), 2. Buch, Nr. 120
73 siehe dazu: B. Glassman/R. Fields: Anweisungen für den Koch, Lebensentwurf eines Zen-Meisters (Hoffmann und Campe 1998)
74 Ebd., S. 32–33
75 Erklärung: Erwachen, vollkommene Erkenntnis
76 siehe dazu: Günter Schiwy: Kosmische Gebete des Teilhard de Chardin (Hildesheim, Bernward Verlag 1986)

77 Kipa: 12.3.06, Kath. Internationale Presseagentur
78 Kol 1,15 ff.
79 1 Kor 15, 35–45
80 Offb 21,1–8
81 Michael Murphy: Der Quantenmensch (Integral 1994), S. 219–220
82 siehe dazu: ebd., S. 286
83 Ebd., S. 286
84 Ebd., S. 580
85 Bildungshaus Fernblick, Teufen
86 1 Kor 15,51
87 Gitta Mallasz: Antwort der Engel (Zürich, Daimon-Verlag 1981), S. 385
88 Brian Swimme: Das Universum ist ein grüner Drache (München, Claudius-Verlag 1991), S. 55–58
89 Ebd., S. 58
90 Ebd., S. 115
91 Ebd., S. 121
92 Ebd., S. 137
93 1 Petr 2,9

Wege zum Frieden

Anna Gamma
LICHTHEILUNG ALS WEG ZUM FRIEDEN
Meditationen, Übungen, Rituale
160 Seiten. Mit Farbtafeln.
Kartoniert
ISBN-10: 3-466-36674-7
ISBN-13: 978-3-466-36674-3

Dieses Buch erzählt in berührender Weise von den Wirkweisen der Lichtheilung – in durch Krieg und Terror zerstörten Regionen, in geschichtlich belasteten Situationen und bei traumatischen biografischen Erfahrungen. Meditationen, Rituale und ganz konkrete Erfahrungswege laden ein, Licht zu sehen und zu erfahren, gerade da, wo Horizonte verschlossen erscheinen.

Kompetent & lebendig.
SPIRITUALITÄT & RELIGION

Kösel-Verlag, München, e-mail: info@koesel.de
Besuchen Sie uns im Internet: www.koesel.de

Vision einer neuen Schöpfung

Pia Gyger
MARIA – TOCHTER DER ERDE, KÖNIGIN DES ALLS
Vision der neuen Schöpfung
232 Seiten. Kartoniert
ISBN-10: 3-466-36686-0
ISBN-13: 978-3-466-36686-6

»Dieses Buch ist bahnbrechend. Pia Gyger kommt das Verdienst zu, gezeigt zu haben, wie Maria von Nazareth die Sehnsucht des modernen Menschen stillen kann.«

Leonardo Boff

Kompetent & lebendig.
SPIRITUALITÄT & RELIGION

Kösel-Verlag, München, e-mail: info@koesel.de
Besuchen Sie uns im Internet: www.koesel.de

Zen-Erfahrung und Christus-Nachfolge

Niklaus Brantschen
AUF DEM WEG DES ZEN
Als Christ Buddhist
224 Seiten. Gebunden mit Schutzumschlag
ISBN-10: 3-466-36599-6
ISBN-13: 978-3-466-36599-9

Der exemplarische Weg des Niklaus Brantschen entfaltet sich zwischen Ost und West, zwischen authentischer Zen-Erfahrung und Christus-Nachfolge. Entlang den Stationen seiner intensiven und lebenslangen Suche in Japan und Europa begegnen wir auf sehr persönliche Weise dem großen Reichtum von Buddhismus, Zen und Christentum.
Überzeugend und inspirierend erfahren wir, was unsere Zeit benötigt: eine offene Identität in einer multireligiösen Welt.

Kompetent & lebendig.
SPIRITUALITÄT & RELIGION

Kösel-Verlag, München, e-mail: info@koesel.de
Besuchen Sie uns im Internet: www.koesel.de